REIHE BILDBIOGRAFIE

MICHAEL MÄRKER

MARTIN LUTHER

Kamprad

Impressum:

Layout/Satz: Ines Linke
Korrektorat: Roland Ludwig
Technische Herstellung: Westermann Druck Zwickau GmbH, Crimmitschauer Straße 43, 08058 Zwickau

ISBN 978-3-95755-610-3

INHALT

VORWORT

Es geschieht nicht alle Tage, dass eine historische Persönlichkeit auch nach 500 Jahren immer noch und immer wieder unser Denken, unsere Sprache, unsere Kultur und unseren Glauben so nachhaltig prägt wie Martin Luther. Und doch sehen wir heute in ihm anders als viele frühere Generationen nicht nur den Erleuchteten, den Wegweisenden oder den Durchsetzungsstarken, sondern gerade auch den Suchenden, den Zweifelnden, den Zerrissenen, den vom Teufel Gemarterten oder den fanatisch Hasserfüllten. Die Widersprüchlichkeit seiner Person und seines Wirkens fordert uns heraus, den Platz der lutherischen Kirchen in der Welt und ihre geistlichen Grundlagen neu zu bestimmen.

So ist das Bild des hammerschwingenden Geistes- und Glaubensheroen Martin Luther, der – umgeben von einer bewundernd aufschauenden Menschenmenge – mit dem Thesenanschlag von Wittenberg 1517 ein neues Zeitalter einläutet, eine geniale Erfindung aus späteren Zeiten, die der komplexen Wirklichkeit nicht standhält.

Dieses Buch zeichnet den Weg des Reformators vom Mönch, der den vom Vater für ihn vorgegebenen Lebensplan als künftiger Jurist verlässt, über den theologischen und kirchenpolitischen Rebellen zum Begründer und Verbreiter einer neuen christlichen Konfession in weiten Teilen Mittel- und Nordeuropas nach. Was trieb Luther an? Wann erreichte er seine Ziele, wann scheiterte er? – Eine Auswahl aus dem ungewöhnlich reichen Schatz an überlieferten Abbildungen aus seiner Zeit lässt die Lebenswelt Luthers lebendig werden.

Zeitgenössische Textzitate wurden um der flüssigen Lesbarkeit willen in modernisierter Orthografie wiedergegeben.

Lucas Cranach d. Ä., *Hans und Margarete Luder,*
Ölgemälde 1527

DIE ELTERN – MÖHRA, EISLEBEN UND MANSFELD

Über Generationen war die Familie von Hans Luder (1459–1530) in Möhra ansässig, gelegen am Westrand des Thüringer Waldes zwischen Eisenach und Salzungen. In der elterlichen Kupfergrube im Nachbarort Kupfersuhl hatte Hans Luder seine ersten bergmännischen Erfahrungen gesammelt. Später führte er ein gutgehendes Bergbauunternehmen. Damit entsprach er jenem Ideal einer protestantischen Arbeitsethik, die zu den Folgen der Reformation seines Sohnes Martin gehören sollte. Martin Luther wuchs also nicht im Milieu eines Theologen, Juristen oder Schöngeistes auf; er lernte vielmehr von klein auf die Mühen schwerer körperlicher Arbeit und bald auch die Verantwortung eines erfolgreichen Unternehmers in einer der seinerzeit lebensgefährlichsten Branchen kennen.

Die Mutter, Margarete Lindemann (1460–1531), kam aus einer vermögenden bürgerlichen Familie in Eisenach. Sie bot Hans Luder die Möglichkeit, in der Fremde eine eigene Existenz aufzubauen. Denn das Erbe des väterlichen Hofs ging nicht an ihn als ältesten, sondern an den jüngsten von vier Söhnen. So war ihm bereits vor seiner Heirat klar, dass er außerhalb der Heimat die Grundlage einer beruflichen Existenz und sein Glück suchen musste.

Im Sommer 1483 zog Hans Luder mit seiner schwangeren Ehefrau Margarete in die im östlichen Harzvorland gelegene Grafschaft Mansfeld, die als aufstrebende Region des Kupfer- und Silberbergbaus bekannt war und dem zielstrebigen Ehemann, der inzwischen Hüttenmeister geworden war, eine vielversprechende berufliche Perspektive bot. Zunächst ließen sich die Luders in Eisleben nieder, wo am 10. November 1483 Martin geboren wurde. Seine (vermutlich) zwei älteren Geschwister

Luthers Geburtshaus in Eisleben

waren bereits im Säuglingsalter gestorben. Martin war also der älteste die Kindheit überlebende Sohn der Familie. In ihn sollte Hans Luder seine höchsten Erwartungen setzen. Innerhalb von mehr als zwei Jahrzehnten schenkte ihm seine Frau drei weitere Söhne sowie vier Töchter. Hinzu kamen weitere frühverstorbene Geschwister. Im benachbarten Mansfeld fand der Vater 1484 ein ausreichend großes Anwesen, das sowohl den räumlichen Bedürfnissen der wachsenden Familie als auch ihren wirtschaftlichen Aktivitäten genügte. Ackerbau und Viehzucht, Gemüse-, Obst- und Weinbau, Vor- und Nachbereitung auswärts betriebener bergmännischer Tätigkeiten und private Kreditgewährung fanden in dem Gebäudekomplex und in seinem Umfeld ihren Platz. Solange der geforderte Zins nicht die Fünf-Prozent-Marke überschritt, galten Kredite als nicht verwerflich, wenngleich leicht anrüchig. Hans Luder achtete – so würden wir heute sagen – auf Diversifizierung, auf Risikostreuung durch Produktvielfalt also. Wenn beispielsweise der Bergbau kriselte, konnte er die Landwirtschaft oder das Kreditgeschäft ausbauen und so die Einkommenssituation der Familie stabil halten. Bei seinem Tod 1530 hinterließ Hans Luder ein mittelgroßes Vermögen von 1250 Gulden, das etwa dem Wert von zwei Bauernhöfen entsprach.
Martin, der den elterlichen Namen „Luder" 1517 für sich in „Luther" änderte, wuchs in einer Familie auf, in der wirtschaftliche Verantwortung und Aktivität zum Alltag gehörten. Auch die Kinder hatten dabei mit anzupacken. Angesichts dieser Prägung bekannte er später, dass ihm die schwere, geordnete Arbeit eines Bergmanns eher als Dienst vor Gott galt als der vermeintliche Müßiggang von betenden und singenden Klosterbrüdern.

Kirche, Pfarrhaus und Lutherdenkmal in Möhra

AUSBILDUNG – MANSFELD, MAGDEBURG UND EISENACH

◄

Lutherhaus in Eisenach. Hier, im Haus der Familie Cotta, wohnte Luther während seiner Eisenacher Schulzeit von 1498 bis 1501. Das Gebäude beherbergt heute eine Luther-Ausstellung.

An der Mansfelder Trivialschule erlernte Luther das Schreiben, Lesen und Singen sowie die lateinische Sprache. Rechnen war im Lehrplan nicht vorgesehen. Später beklagte sich Luther über zu viel unnützen Lateinunterricht. In der Erinnerung verglich er die Schule mit der Hölle und dem Fegefeuer, wo er „Stäupen [Prügeln mit Peitsche, Stock oder Rute], Zittern, Angst und Jammer" erlebte.

Zur Fortsetzung der Ausbildung schickte der Vater seinen Sohn 1497 in die aufstrebende Stadt Magdeburg, wo dieser wahrscheinlich die Domschule besuchte und im Haus der „Brüder vom gemeinsamen Leben" (einer überregionalen Gemeinschaft, die einen dritten Weg zwischen Kloster und Welt suchte) Unterkunft fand. Ein solcher Ortswechsel war für einen Vierzehnjährigen damals durchaus nicht ungewöhnlich. Auch galt es als normal, dass ein Jugendlicher in dieser Situation selbst für seinen Lebensunterhalt zu sorgen hatte. Straßensingen, Stehlen und Betteln standen dabei an erster Stelle. Luther freilich empfand seinen einjährigen Aufenthalt in der fremden Stadt – etwa drei Tagesmärsche von der Heimat entfernt – im Rückblick als „Elend".

Die Eltern suchten bereits nach wenigen Monaten nach einer Alternative mit Familienanschluss für ihren Sohn. Das damalige Landstädtchen Eisenach mit der angesehenen Georgenschule litt zwar unter wirtschaftlichem Stillstand und hatte wegen seines überdurchschnittlich hohen Anteils an Geistlichen den Ruf eines „Pfaffennests" (so formulierte Luther später), doch hier wohnten mütterliche Verwandte, die sich um den Jugendlichen kümmern könnten.

▲

Georgenkirche in Eisenach. Hier sang Luther als Schüler. 20 Jahre später predigte er in dieser Kirche.

Luther über die Zustände in seiner Trivialschule: „Es ist ein Teil der Lehrer so grausam wie die Henker. Auch ich wurde einmal vormittags fünfzehnmal ohne alle Schuld geschlagen: Ich sollte deklinieren und konjugieren und hatte es nicht gelernt."

In Eisenach entdeckte Luther seine musikalische Begabung und Affinität – lange bevor sich der Name Johann Sebastian Bachs mit der Stadt verbinden sollte. Im Unterschied zum Unterricht an der Lateinschule gehörte das Kurrendesingen in den Straßen, mit dem sich die oftmals von auswärts gekommenen Knaben ihren Unterhalt aufbessern konnten, zu den angenehmeren Jugenderinnerungen Luthers. Später bezeichnete er Eisenach als seine „liebe Stadt".

Mit seiner schönen Stimme erregte er die Aufmerksamkeit der vornehmen und begüterten Familie Cotta, die ihn bald in ihr Haus aufnahm. Ein Glücksfall, denn zum ersten Mal erfuhr er hier außerhalb seiner Familie eine emotionale Zuwendung, die

Ferdinand Pauwels, Luther singt als Kurrendeschüler vor Frau Cotta in Eisenach, Ölgemälde 1872

ihm zugleich ein neues Milieu eröffnete. War ihm bisher die Welt des kaufmännisch und unternehmerisch agierenden Elternhauses vertraut, so trat nun eine Art von gehobener Bildung, wie sie in einem gut situierten Patrizierhaushalt gelebt wurde, in seinen Blick. Die Gespräche bei Tisch, die Luther hier zunächst mehr erleben als führen durfte, bildeten die Keimzelle für jenes überreiche spätere Forum, das unter der beinahe singulären Bezeichnung „Tischgespräche" überliefert und in die Kulturgeschichte eingegangen ist.

In der Schule war er zwar kein Überflieger; doch ließen seine soliden Leistungen den Vater zu der Überzeugung kommen, dass der Sohn als Siebzehnjähriger ein Universitätsstudium mit dem Ziel des „ordentlichen" Berufs eines Juristen anzutreten habe, zumal die dafür nötigen finanziellen Mittel bereitstanden.

STUDIUM UND WENDUNG ZUR THEOLOGIE – ERFURT

Dank des väterlichen Vermögens konnte Martin Luther im Sommersemester 1501 ein Studium an der 1392 gegründeten zweitältesten deutschen Universität in Erfurt aufnehmen. Sie hatte damals vier Fakultäten, die man heute als theologische, rechtswissenschaftliche, medizinische und geisteswissenschaftliche Fakultät bezeichnen würde. Letztere – die Artistenfakultät – bot das Studium der „Sieben freien Künste", der septem artes liberales, das als Voraussetzung für ein weiterführendes Studium der Theologie, der Rechte oder der Medizin galt. Dazu gehörten die drei niederen (genannt „trivium", davon abgeleitet das noch immer gebräuchliche Adjektiv „trivial") und die vier höheren („quadrivium") Künste: Grammatik, Rhetorik und Dialektik als sprach- und redebezogene Künste einerseits sowie Arithmetik, Geometrie, Astronomie und Musik als zahlen- und proportionsbezogene Künste andererseits.

Schon nach drei Semestern legte Luther im September 1502 die Prüfung als Baccalaureus artium ab. Die wichtigsten Philosophen der Antike, insbesondere Aristoteles, und des Mittelalters, darunter Thomas von Aquin, hatte er intensiv studiert. Und nicht zuletzt: In der Erfurter Universitätsbibliothek las Luther zum ersten Mal die Bibel.

Der nächste akademische Abschluss folgte 1505 mit dem Magister artium. Auf ausdrücklichen Wunsch des Vaters begann er im Sommersemester dieses Jahres mit dem Studium der Rechte. Dies entsprach am ehesten dem wirtschaftsorientierten, unternehmerischen Denken des Vaters. Allerdings ließ es die sich abzeichnenden Neigungen des Sohnes außer Acht. Es brauchte im Grunde nur eines äußeren Anlasses, bis dieser sich vom Jurastudium abwandte.

◄ *Der Erfurter Dom. Er ist der älteste große Kirchenbau, den Luther bis zur Aufnahme seines Studiums kennengelernt hatte.*

Gustav König, Luthers Freund Alexis wird an seiner Seite auf einer Reise vom Blitz erschlagen,später kolorierte Radierung 1847. Die Darstellung des Gewitters bei Stotternheim 1505 folgt der im 19. Jahrhundert üblichen Verklärung und Überhöhung des Ereignisses: Luther überlebt, während sein Freund vom Blitz erschlagen wird.

Am 2. Juli 1505 geriet Luther auf dem Rückweg von seinen Eltern in Mansfeld nach Erfurt in ein schweres Gewitter. Ihn erfasste Todesangst. In seiner Not soll er der Heiligen Anna (der Mutter Marias, der Großmutter Jesu) im Falle seiner Rettung gelobt haben, er wolle Mönch werden. Der Lutherstein in Stotternheim – heute ein nördlicher Stadtteil von Erfurt – erinnert daran.
Luther berichtet im Laufe seines Lebens nicht weniger als achtmal von diesem traumatischen Erlebnis. Zwar galt ihm der Heiligenkult als teuflisch; er habe sich jedoch der Gnade Gottes anbefohlen und dazu jene Anna angerufen, deren Name auf Hebräisch „Gnade" bedeutet. Der Gedanke, im Moment einer akuten äußeren Gefahr die anzurufende Hilfe nach einer philologischen Erwägung zu adressieren, wirkt konstruiert. Möglicherweise hat Luther diese Erklärung später nachgeschoben, zumal Anna zu Beginn des 16. Jahrhunderts eine ausgesprochene Mode-Heilige war und gerade auch als Schutzheilige der Bergleute in Luthers Elternhaus eine gern genannte Figur gewesen sein dürfte.
Dass er sein Gelübde wahrmachen würde, galt für Luther als gesetzt, obwohl selbst das damalige Kirchenrecht ein Gelübde, das erzwungen wurde oder wie hier aus einer Extremsituation erwuchs, als nicht bindend erklärte. Auch die Warnungen und Gegenargumente seiner Freunde konnten ihn davon nicht abbringen.
Mit dem Ziel Mönch zu werden trat er am 17. Juli 1505 in das seit 1266 bestehende und für seinen religiösen Eifer bekannte Kloster der Augustinereremiten in Erfurt ein. Zum ersten Mal in seinem Leben verließ Luther den ihm vorgezeichneten Weg

Luthers später rekonstruierte Zelle im Augustinerkloster Erfurt heute

und vollzog eine radikale, entscheidende Wende. Die Eltern, die in ihrem Sohn schon den künftigen erfolgreichen Juristen sahen, erfuhren davon vorerst nichts. In der anschließenden Probezeit kam Luther nicht umhin, die schriftliche Einwilligung seines Vaters zum Eintritt in den Orden einzuholen. Doch der war außer sich. Als nüchtern kalkulierender Unternehmer sah er seine Investition in das Studium des Sohnes plötzlich in den Sand gesetzt, zeigte sich gar „übel zufrieden" und versagte seine Einwilligung. Erst einige Wochen später unter dem Eindruck der auch in Mansfeld wütenden Pest, die ihm zwei Kinder raubte, willigte er schließlich ein – allerdings „mit traurigem Willen" und nicht „von freiem und fröhlichem Herzen". Dem Klosterneuling Martinus wurde eine eigene Zelle zugewiesen, ausgestattet mit Tisch, Stuhl, Ölleuchte und Strohlager, weder heizbar noch von innen verschließbar (sie ist 1872 bei einem Brand vernichtet worden). Dies nahm Luther ebenso hin wie die zahlreichen Ordensregeln, die mit Fasten, Schweigen, Chorgebeten und dem Gelöbnis sexueller Enthaltsamkeit darauf ausgerichtet waren, individuelle Bedürfnisse zurückzudrängen und in absolutem Gehorsam zu leben. Er spürte bereits jenes Unbehagen gegenüber den detailliert vorgeschriebenen klösterlichen Aktivitäten im Sinne notwendigen Handelns zur Erlangung göttlichen Heils, das später in der Formulierung seiner Rechtfertigungslehre gipfeln sollte.

Nach der im Spätsommer 1506 öffentlich abgelegten Ordensweihe, der Profess, in der der Mönch Armut, Keuschheit und Gehorsam zu geloben hatte, erhielt Luther am 4. April 1507 im Erfurter Dom durch den Mainzer Erzbischof Johann Bonemilch von Laasphe die Priesterweihe. Die erste selbst zelebrierte Heilige Messe, die Primiz, feierte er am 2. Mai 1507 in der Erfurter Augustinerkirche. Sie war mit einem glanzvollen Fest verbunden, zu dem er auch seine Eltern, die einen großen Teil der Kosten bestritten, einlud. Am selben Tag las Luther in der Klosterkirche seine erste Messe. Er erlebte sie voller Demut und Selbstzweifel, denn er glaubte vor der Gnade Gottes nicht bestehen zu können. Dennoch akzeptierte er die Entscheidung seines Ordens, ihn zum Theologiestudium zu bestimmen. Ein einfacher Mönch zu bleiben schien ihm bereits jetzt nicht mehr vorstellbar.

Abgeordnet von seinem Erfurter Konvent, führte Luther 1508 ein erster Aufenthalt in Wittenberg in das dortige Augustinerkloster. Obwohl er selbst seine theologischen Studien noch nicht abgeschlossen hatte, übernahm er an der jungen Wittenberger Universität für einige Monate vertretungsweise den Lehrstuhl für Moralphilosophie an der Artistenfakultät. Im Folgejahr erwarb er den akademischen Grad eines Baccalaureus biblicus und kehrte nach Erfurt zurück. Hier begann er nun seine Lehrtätigkeit am Augustinerorden.

Lucas Cranach d. Ä., Luther als Augustinermönch, Kupferstich 1520

DAS VATIKAN-ERLEBNIS – ROM

◄
Petersdom in Rom. Der Bau des neuen Petersdoms hatte 1506 begonnen und dauerte 117 Jahre. Luther erlebte ihn also in einer sehr frühen Bauphase.

Im Jahre 1502 hatte Kurfürst Friedrich der Weise den aus Sachsen stammenden Prior des Münchner Konvents und vormaligen Ordenslektor in Tübingen und Prior des dortigen Augustinerkonvents Johannes von Staupitz (um 1468–1524) als Berater bei der Gründung der neuen Universität nach Wittenberg geholt. Dieser wurde Professor für Bibelkunde und erster Dekan an der theologischen Fakultät. Zudem unterstand ihm der Wittenberger Augustinerorden.

Luther brach 1511 als Begleiter seines Ordensbruders Johann von Mecheln von Wittenberg aus zu einer Reise nach Rom auf. Dies geschah auf Betreiben von Staupitz, der nach Luthers Rückkehr nach Wittenberg im Frühjahr 1512 zu seinem Förderer, theologischen Lehrer, Beichtvater und väterlichen Freund wurde. Er sorgte dafür, dass der spätere Reformator 1512 als sein Nachfolger zum Professor an der Wittenberger Universität berufen wurde. Bis zu Staupitz' Tod 1524 gab es niemanden, der einen vergleichbar nachhaltigen Einfluss in theologischen, aber auch menschlichen Fragen auf Luther ausübte. Er ging dabei von der Liebe und Barmherzigkeit Gottes aus, die den Menschen zum Heil weist.

Zwar blieb Luther in Rom mit seinem Auftrag, beim höchsten Ordensgeneral für Staupitz' Plan einer Union zwischen traditionellen und reformorientierten („observanten") Augustinerklöstern zu werben, erfolglos. Doch die vergebliche Dienstreise, die ca. vier Wochen Aufenthalt in der Heiligen Stadt sowie einen jeweils etwa zwei Monate währenden Hin- und Rückweg zu Fuß umfasste, war zugleich eine erlebnis- und erfahrungsreiche Pilgerreise. Sie bildete für ihn den bis dahin größten Einschnitt seines Lebens.

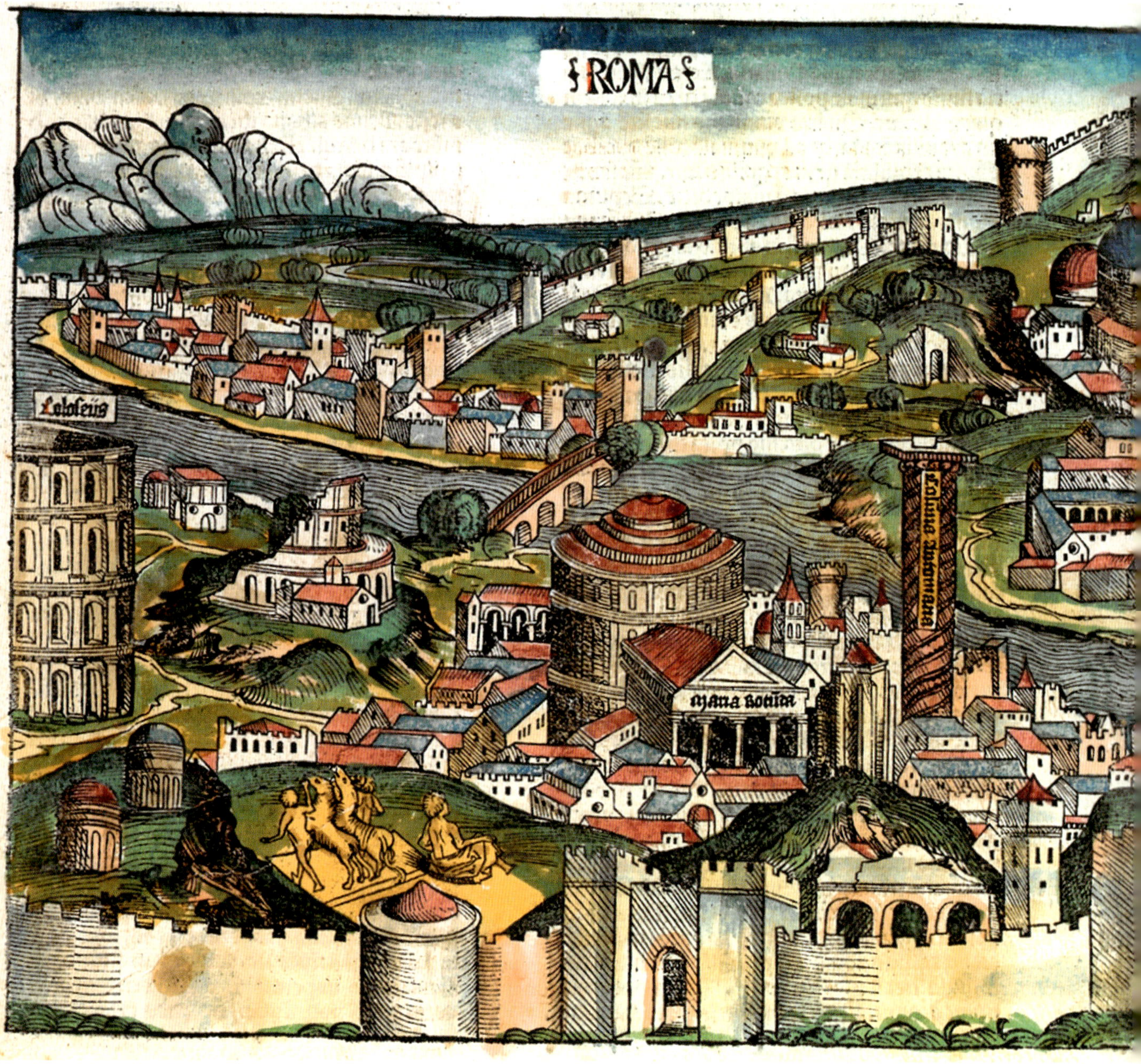
ROMA
Coloseus
Maria Rotũda
Columna Antoniana

Hartmann Schedel, Rom, Holzschnitt-Illustration für die „Schedelsche Weltchronik“, Nürnberg 1493

◄◄
anonym, Johannes von Staupitz, Gemälde um 1522

◄
*Hans Holbein d. J.,
Erasmus von Rotterdam, Gemälde 1523*

In Rom besuchte Luther die Messe im alten Petersdom (für den neuen, seit 1506 im Bau befindlichen waren bereits die vier Tragpfeiler für die neue Kuppel fertiggestellt), las eigene Tagesmessen, suchte die heiligen Stätten auf und nahm an Wallfahrten teil.
Der Ablasshandel, den er bisher nicht kannte, war allgegenwärtig und wurde – wie auch das Lesen der Messe – mit einer ihn abstoßenden gewerbsmäßigen Geschäftigkeit betrieben. Dies geißelte Luther jedoch erst in Jahrzehnte späteren Äußerungen, die bereits unter dem Eindruck der Reformation standen. Entsprechend vorsichtig sind auch seine scharfen Verurteilungen des moralischen Verfalls der Päpste und der Kurie, der Prunksucht und Anhäufung von Pfründen bei den Kardinälen oder der mangelnden Bildung des Klerus und der Mönche zu bewerten.
Papst Julius II. – er amtierte von 1503 bis 1513 – interessierte sich wenig für den Glauben und die Kirche, dafür umso mehr für die Ausdehnung seines Machtbereiches mit kriegerischen Mitteln. Seine militärische Begeisterung machte der große Humanist Erasmus von Rotterdam in seinem „Lob der Torheit" (1509) lächerlich. Luther wird Julius II., der an der Syphilis starb, später einen „Blutsäufer" nennen. Doch dieser musste sich mit der Gefahr eines drohenden neuen Schismas auseinandersetzen, denn Ludwig XII. von Frankreich hatte für Oktober 1511 ein Konzil nach Pisa einberufen, das die Suspendierung des Papstes beschloss. Es gelang Julius II. mit politisch-diplomatischen und mit militärischen Mitteln jedoch, den Kirchenstaat auf vergrößertem Gebiet neu zu begründen und damit in einem von Fremdherrschaft befreiten Italien ein erstarktes, unabhängiges Papsttum zu etablieren. Mit der Grundsteinlegung des Petersdomes am 18. April 1506 setzte Julius II. zwei überaus ambivalente Entwicklungen in Gang. Zum einen förderte er mit Aufträgen zur künstlerischen Ausgestaltung des neuen Domes bildende Künstler wie Michelangelo, Raffael oder Bramante, deren Werke bis heute im Zentrum des Kulturerbes der Menschheit stehen. Zum anderen veranlasste er, dass die Kosten für den Bau weitgehend aus dem Verkauf von Ablässen gedeckt werden sollten.

Lucas Cranach d. Ä., Kolorierter Titelholzschnitt von Luthers Kampfschrift „Wider das Bapstum zu Rom …", 1545. Karikatur auf die römische Kirche. Mehrere Teufel fliegen dem Vatikan entgegen, um den Papst mit der Tiara zu krönen. Derweil geht die heilige Treppe im römischen Lateranpalast in Flammen auf. Die gespenstische Szene ist in den Schlund der Hölle eingezwängt.

Und genau dies legte den Keim für den späteren Widerspruch Luthers und anderer Reformatoren gegenüber der Papstkirche. So erschreckend Luthers Eindrücke von der Heiligen Stadt 1511/12 auch gewesen sein mögen – bis zur Reformation bedurfte es gleichwohl noch eines weiten, keinesfalls schon vorgezeichneten Weges für den jungen Mönch.

Der Streit zwischen konservativen und observanten Augustinerklöstern, der Luther nach Rom geführt hatte, konnte noch im Mai 1512 auf dem Ordenskapitel in Köln beigelegt werden. Luthers Reise dorthin, die zweitlängste seines Lebens, ist allerdings kaum dokumentiert.

WB
ENDEA

DER UNIVERSITÄTSGELEHRTE UND PREDIGER – WITTENBERG

◀

Stadtkirche St. Marien in Wittenberg. Heimatkirche der Reformation. Hier feierte Luther zum ersten Mal den Gottesdienst in deutscher Sprache.

Als Sachsen 1485 in das albertinische Herzogtum mit der Hauptstadt Dresden und das ernestinische Kurfürstentum mit der Hauptstadt Wittenberg geteilt wurde, verblieb die seinerzeit einzige sächsische Universität, die 1409 in Leipzig gegründete Alma mater lipsiensis, im albertinischen Landesteil. Kurfürst Friedrich III. (1463–1525), später genannt „der Weise", war ein umfassend gebildeter Monarch, der um die Bedeutung akademischer Bildung für die Fortentwicklung des Gemeinwesens in seinem Kurfürstentum wusste. Er gründete 1502 in Wittenberg mit der Leucorea die erste kursächsische Universität nach jener „Leipziger Teilung" 1485, die sich bald zu einem herausragenden Zentrum theologischer Lehre und Forschung in Europa entwickeln sollte und in der er sein Lieblingsprojekt sah.

Bereits 1508 holte Johannes von Staupitz, der Gründungsdekan der theologischen Fakultät, den jungen Magister Martin Luther nach Wittenberg. Dieser hatte die Studenten mit der Nikomachischen Ethik des Aristoteles, der Theorie des sittlichen Handelns und der Glückseligkeit, vertraut zu machen. Gleichzeitig setzte er seine in Erfurt begonnenen theologischen Studien fort. Drei Jahre später rief Luthers „Seelenführer" Staupitz, der als Generalvikar der deutschen observanten Augustinereremiten zusätzliche Aufgaben zu bewältigen hatte, Luther als seinen Nachfolger erneut nach Wittenberg.

Kurfürst Friedrich der Weise stellte auf Betreiben Staupitz' die finanziellen Mittel bereit, die es Luther ermöglichten, am 5. Mai 1512 eine theologische Professur zu übernehmen und – erst ein halbes Jahr später – am 19. Oktober unter Andreas Bodenstein von Karlstadt (genannt auch nur Karlstadt) zu promovieren. Dieser sollte

Lucas Cranach d. Ä., Martin Luther als Augustinermönch mit Doktorhut, Gemälde 1519/20

später für einige Jahre zu Luthers eifrigsten Mitstreitern gehören, bevor er sich als konsequenter Bilderstürmer der Schweizer Reformation zuwandte. Als Gegenleistung für die Unterstützung durch den Kurfürsten musste Luther sich verpflichten, in Wittenberg lebenslang Vorlesungen zu halten.

Tatsächlich war er von 1512 bis zu seinem Lebensende Professor der Theologie an der Universität Wittenberg. Unterbrechungen in der Ausübung dieses Hauptberufes gab es nur während des Aufenthaltes auf der Wartburg 1521/22 und in den Jahren danach, als es für den Kurfürsten nicht opportun war, an der landesherrlichen Universität einen Professor öffentlich auftreten zu lassen, über den der Papst die Reichsacht verhängt hatte.

Parallel zu den ersten Schritten als Professor musste sich Luther auch als Prediger versuchen. Dies verdankte er wiederum Staupitz, der ihn dazu zwang, seine anfänglichen Skrupel vor der Kanzel zu überwinden. Seine Predigten in der Heilig-Geist-Kapelle fanden Gehör, so dass der Rat der Stadt ihn bald bat, in der Stadtkirche St. Marien zu predigen. Noch immer sträubte Luther sich vor der damit verbundenen theologischen Verantwortung, doch spätestens seit 1514 nahm er sie mit der Ver-

anonym, Die Wittenbergisch Nachtigall, Preisgesang von Hans Sachs auf Martin Luther, später kolorierter Titelblatt-Holzschnitt der Erstausgabe 1523. Ein Bild voller Allegorien: Luther wird als Nachtigall dargestellt, die zur Sonne gerichtet das Evangelium besingt. Der Mond rechts steht für die überwundenen dunklen Mächte. Christus als Lamm Gottes erscheint links unter der Sonne. Der Löwe am Stamm des Baumes (Papst Leo X.) bedroht die Schafe (die gläubige Gemeinde).

pflichtung zu wöchentlich zwei Predigten wahr. In den Folgejahren entwickelte sich Luther zu jenem scharfzüngigen Disputanten und Rhetoriker, der bald reichsweit bekannt bzw. berüchtigt werden sollte.

Von etwa 6000 Predigten, die Luther im Laufe seines Lebens hielt, wurden etwa 2000 (meist) durch Nachschriften von Hörern überliefert. Sie sind später von Dritten bearbeitet und publiziert worden. Luther selbst publizierte demgegenüber nur „Musterpredigten", nicht aber seine tatsächlich gehaltenen Predigten.

Der Humanismus und die dank Luther streng bibelbegründete Theologie bildeten die Markenzeichen der bereits ein Jahrzehnt nach ihrer Gründung reformierten Leucorea. Innerhalb weniger Jahre wurde sie zur bedeutendsten und berühmtesten deutschen Universität mit Vorbildcharakter für Reformen anderer Universitäten. Darüber hinaus erfasste die Stadt Wittenberg ein regelrechter Boom, der zunächst die Zahl der Studenten, dann die Zahl der restlichen Einwohner und damit insbesondere die Bautätigkeit erfasste. Dank Luthers Bibelübersetzungen erlebte die junge Technik des Buchdrucks eine solche Blüte, dass Wittenberg zugleich zum bedeutendsten deutschen Druck-Standort wurde.

INRI

JOHANNES TETZEL UND DER ABLASSHANDEL

◄
Lucas Cranach d. Ä., Kardinal Albrecht von Brandenburg, vor dem Gekreuzigten kniend, Ölgemälde um 1520/25

Da nach der katholischen Lehre jede Sünde eine befristete Strafe nach sich zieht, die auch durch Beichte und erteilte Absolution nicht vollständig getilgt ist, muss der Gläubige seine Schuld auf andere Weise abbüßen, um in den Himmel zu gelangen und die gegebenenfalls vorangehende Zeit im Fegefeuer zu verkürzen.
Als Formen der Buße kamen seit dem 12. Jahrhundert Opfergaben an die Kirchen zu deren Ausschmückung, Gebete, Fasten oder Wallfahrten in Frage. Es konnte aber auch eine Geldbuße entrichtet werden. Dies war die Wurzel des Ablasshandels, der - in seiner beschleunigten Verbreitung durchaus vergleichbar mit Blasenbildungen durch Spekulationsexzesse an den Finanzmärkten, die es auch damals schon gab – zunehmend als relativ bequeme Geldquelle zur Befriedigung immer anspruchsvollerer und keineswegs nur geistlicher oder seelsorgerischer Bedürfnisse der Kurie und des Papstes missbraucht wurde.
Papst Leo X. schrieb 1517 einen Ablass aus, dessen Erlöse zur Hälfte dem Bau des neuen Petersdomes in Rom zugutekommen sollten. Mit den restlichen Mitteln durfte Erzbischof Albrecht von Brandenburg seine exorbitanten Schulden beim Augsburger Bankhaus Fugger begleichen. Denn Albrecht, der im Dom zu Halle (Saale) die damals größte Reliquiensammlung der Welt angehäuft hatte, musste hohe Zahlungen an den Papst für den Erwerb des Mainzer Erzbischofsstuhls und für den Dispens von der eigentlich verbotenen Ämterhäufung (er war bereits Bischof von Magdeburg) leisten.
Er beauftragte den Dominikanermönch Johannes Tetzel (um 1465–1519) mit der Aufgabe, über den Ablasshandel in kurzer Zeit möglichst viel Geld einzutreiben. Tet-

◂◂

Moritz Steinla, Johann Tetzel, Kupferstich 1822

◂

Albrecht Dürer, Jakob II. Fugger („der Reiche"), Gemälde um 1518/1520

zel, gebürtig aus Pirna, hatte sich bereits seit 1502 als Ablassprediger in zahlreichen Städten bewährt. Zeitgenossen berichten von seinem fragwürdigen Lebenswandel. In Innsbruck wurde er des Ehebruchs überführt und von Kaiser Maximilian I. zum Tod „durch Ersäufen" verurteilt. Kurfürst Friedrich von Sachsen, der um seine Qualitäten im Ablasshandel wusste, bekam ihn frei und begnadigte ihn zu lebenslänglichem Gefängnis in der sächsischen Heimat.

Schon bald wurde Tetzel jedoch entlassen. Allein zwischen 1514 und 1517 predigte er den Ablass in Zwickau, Weißenfels, Wurzen, Leipzig, Annaberg, Magdeburg, Halle, Naumburg, Zeitz, Zerbst, Jüterbog, Beelitz und Berlin. Im Jahre 1517, als der große Petersdom-Ablass unter das Volk gebracht werden musste, begleiteten, überwachten und unterstützten ihn dabei eigens entsandte Zahlmeister des Bankhauses Fugger. „Wenn das Geld im Kasten klingt, die Seele aus dem Fegefeuer springt" war Tetzels häufigster und bekanntester Werbespruch für seinen schwunghaften Handel (eine moderne PR-Agentur hätte ihn nicht zugkräftiger erfinden können). Darüber hinaus behauptete Luther, der Tetzel nie persönlich predigen gehört hatte, dieser habe sich zu der abstrusen Versprechung verstiegen, dass selbst derjenige, der die Jungfrau Maria geschwängert hätte, sich mit Ablassbriefen von seinen Sünden freikaufen könne. Dies allerdings wurde von Tetzel später mit Nachdruck bestritten.

Als um Ostern 1517 auch in Wittenberg Tetzels Aktivitäten im etwa 25 Kilometer entfernten Jüterbog bekannt wurden, weil Wittenberger Gläubige den Fußweg dorthin nicht gescheut hatten, griffen Luther und sein Doktorvater Karlstadt in Predigten die Ablasspraxis scharf an. Kurfürst Friedrich der Weise hatte freilich den

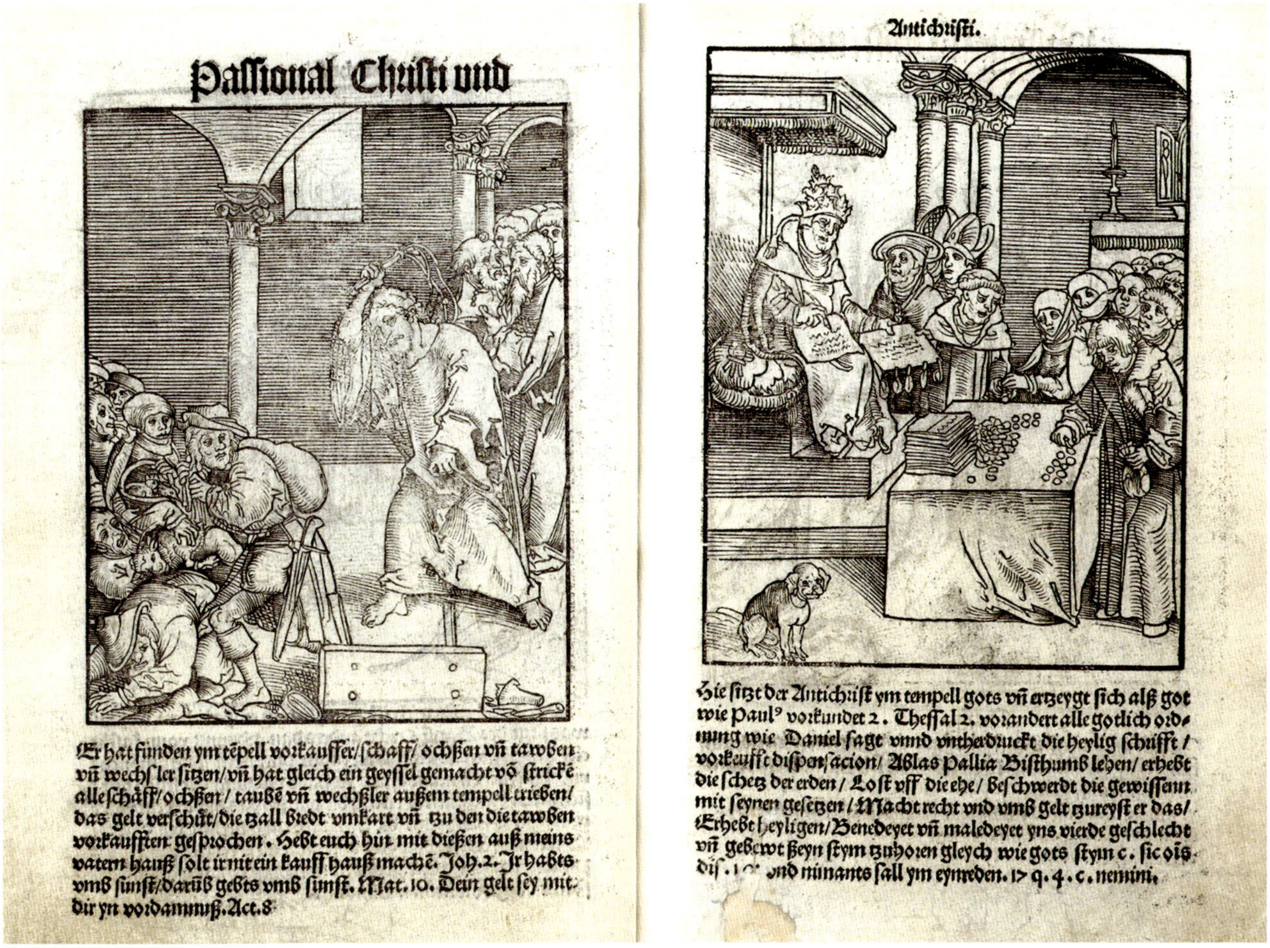

Lucas Cranach d. Ä., Ablasshandel des Papstes, Holzschnitt 1521 (Illustration zu Luthers Schrift „Passional Christi und Antichristi")

Ablasshandel für Bischof Albrecht in seinem Gebiet aus einem ganz anderen Grund untersagt: Er sah darin eine drohende Konkurrenz zu den eigenen Wittenberger Ablässen, für die er bessere Verkaufserfolge anstrebte. Seine Motivation für das Verbot unterschied sich also diametral von den Zielen des von ihm hochgeachteten Wittenberger Mönchs und Universitätsprofessor Luther.

Nach der Verbreitung der 95 Thesen im Herbst veröffentlichte der Dominikaner Tetzel seinerseits 106 Gegenthesen, unterstützt von der Universität Frankfurt (Oder), wo im Januar 1518 eine Disputation dazu stattfand. Zugleich verbrannte er öffentlich Luthers Thesen. Luther ging im März indirekt darauf ein mit seinem „Sermon von Ablass und Gnade", der jedoch in erster Linie der großen, gerade auch nichtakademischen Resonanz auf seine eigenen Thesen Rechnung trug.

Als die öffentliche Meinung im kursächsischen Raum immer klarer zugunsten Luthers ausfiel, zog sich Tetzel in das Dominikanerkloster in Leipzig zurück. Dort starb er 1519 an der Pest.

DIE 95 THESEN

Luthers legendärer Thesenanschlag an die Tür der Schlosskirche zu Wittenberg galt jahrhundertelang als Schlüsselereignis der Reformation. Weder seine Existenz als historischer Fakt noch seine intendierte Funktion als Auslöser jener revolutionären Ereignisse, die später als Reformation bezeichnet wurden, können jedoch als gesichert gelten. Und auch Gegenstand und Inhalt der Thesen, die insbesondere den Ablasshandel der Kirche ad absurdum führen, erscheinen uns heute mit dem Abstand eines halben Jahrtausends konfessionsübergreifend so selbstverständlich, dass sie die nach 1517 entstandenen Unterschiede zwischen katholischer und evangelischer Glaubenslehre keineswegs zu erklären vermögen.
Bereits vor 1517 hatten sich Theologen, die später zu Gegnern Luthers wurden, scharf gegen die Art der Ablassverkündigung gewandt, darunter auch Johannes Eck. Luthers Thesen fielen also auf einen vorbereiteten, fruchtbaren Boden. Es dürfte ihm dabei sowohl um eine wissenschaftliche, theologische Disputation als auch um ganz praktische, aus der Sicht des Seelsorgers angezeigte Veränderungen innerhalb der Kirche gegangen sein.

(21) Es irren daher diejenigen Ablassprediger, die da sagen, dass ein Mensch durch Ablässe des Papstes von jeder Strafe gelöst und errettet wird.

◄

Ferdinand Pauwels, Martin Luthers Thesenanschlag, Öl auf Leinwand, 1872

(24) Unausweichlich wird deshalb der größte Teil des Volkes betrogen durch jene unterschiedslose und großspurige Zusage erlassener Strafe.

Von einer revolutionären Absicht konnte keine Rede sein, zumal er mit den Thesen ausdrücklich im Sinne des Papstes, der über die vermeintlichen Auswüchse des Ablasshandels informiert werden müsse, und zur Wahrung der päpstlichen Autorität zu argumentieren glaubte. Er wollte die Widersprüche zwischen der biblisch begründeten kirchlichen Lehre vom Ablass (die bereits seit Jahrhunderten bestanden hatte und als Grundgedanke noch heute gilt; verboten ist seit 1562 ausdrücklich nur der Ablasshandel) und der seinerzeit aktuellen Ablasspraxis aufdecken und zurechtrücken. Die machtpolitische Sprengkraft seiner Thesen konnte er weder ermessen noch erahnen. Dafür fehlte dem Augustinermönch schlicht das Insiderwissen über die europaweiten Abhängigkeiten und Machtstrukturen des römischen Klerus.
So schickte er seine Thesen am 31. Oktober 1517 zunächst an den für Wittenberg zuständigen Bischof Hieronymus Schulz in Brandenburg und an den diesem übergeordneten Erzbischof Albrecht von Magdeburg und Mainz. Erst nachdem Reaktionen von dort ausgeblieben waren, informierte er verschiedene Gelehrte als Einladung zu einer Disputation (die nicht zustande kam), und zwar ausdrücklich ohne Kenntnis oder Billigung und schon gar nicht auf Befehl seines Kurfürsten. Offenkundig erkannten die Empfänger der Thesen eher deren Brisanz als ihr Verfasser, denn sie begannen umgehend mit ihrer Verbreitung.

(28) Das ist gewiss: Fällt die Münze klingelnd in den Kasten, können Gewinn und Habgier zunehmen. Die Fürbitte der Kirche aber liegt allein in Gottes Ermessen.

◀
Die Schlosskirche in Wittenberg. An ihrer Außentür sollen am 31. Oktober 1517 Luthers 95 Thesen veröffentlicht worden sein. Das Gotteshaus diente zugleich als Universitätskirche. Der evangelische Gottesdienst wurde hier 1524 eingeführt.

Lange konnte sich die Überlieferung des Thesenanschlags nur auf einen Hinweis des gewissenhaft dokumentierenden Melanchthon nach Luthers Tod berufen. Ein inzwischen wiederaufgefundener Vermerk von Luthers Sekretär Georg Rörer (1492–1557) im auch von Luther für die Bibelrevision benutzten Handexemplar des Neuen Testaments aus den frühen 1540er Jahren, der den Thesenanschlag am Vorabend von Allerheiligen 1517 bezeugt, dürfte ebenfalls vor allem die zur Zeit des späten Luthers vorherrschende Meinung über den verdienstvollen und weithin berühmten Reformator spiegeln. Und an der Wittenberger Universität war es normale, vielfach geübte Praxis, zur Vorbereitung einer wissenschaftlichen Disputation öffentlich Thesen anzuschlagen. Luthers eigene Berichte über die Zeit der Veröffentlichung seiner Thesen allerdings lassen die Deutung, er selbst habe sie am 31. Oktober 1517 an die

Brandenburg
Sachsen
Baden
41. Albertus II. Marggraf von
Brandenburg, Ertzbischoff zu Magdeburg administrator
zu Halberstatt, der 54. Ertzbischoff und 39. Churfürst zu Mayntz
Erwehlet den 9. Martij 1514. und Cardinal 1518. Errichtet das
Hoffgericht zu Mayntz. und erwehlet 1519. Carolum V. zum Römi
schen Kayser; und 1531. Ferdinandum zum Römischen
König. Hatte die Kirch S. Petri ad Vincula zu Rom, allwo er Car
dinal Priester ware, wie nicht weniger die Dohm Kirch zu Mayntz
mit vielen Kostbarkeiten beschencket. Schickte Kranckheits halber
1545. seine gesandte zu dem Tridendinischen Kirchen Rath, und
stirbt in diesem Jahr den 24. Septemb: nachdem 31. Jahr, 6. Mo
nath und 15. Täg regiret hatte. Ruhet in des Dhom Stiffts hohen
Chor.

Tür der Wittenberger Schlosskirche geschlagen, als unwahrscheinlich erscheinen. Vielleicht war es auch nur der Pedell, der Hausmeister der Universität, der für solche öffentlichen Bekanntmachungen zuständig war?

(36) Jeder wahrhaft reumütige Christ erlangt vollkommenen Erlass von Strafe und Schuld; der ihm auch ohne Ablassbriefe zukommt.

Das Bild des hammerschwingenden Geistes- und Glaubensheroen, der – umgeben von einer bewundernd aufschauenden Menschenmenge – mit dem Thesenanschlag von Wittenberg 1517 ein neues Zeitalter einläutet, ist eine geniale Erfindung aus späteren Zeiten, die der komplexen Wirklichkeit nicht standhält. Trotzdem fällt es uns schwer, von diesem Bild abzulassen. Und doch sollten wir es entdämonisieren, es auf ein alltägliches Geschehen zurückführen, kurz, es „tiefer hängen" und akzeptieren, dass wir keine letzte Gewissheit darüber haben.

Dank der Erfindung des Buchdrucks durch Johannes Gutenberg verbreiteten sich die 95 lateinischen Thesen Luthers in Windeseile im Heiligen Römischen Reich

(43) Man muss die Christen lehren: Wer einem Armen gibt oder einem Bedürftigen leiht, handelt besser, als wenn er Ablässe kaufte.

Deutscher Nation. Dies hatte Luther nicht vorhergesehen. Er musste eingreifen, präzisieren und Missverständnisse ausräumen. Dazu veröffentlichte er 1518 seine Schrift „Ein Sermon von Ablaß und Gnade". Sie hatte jedoch keinen Einfluss darauf, dass er im Juli 1518 nach Rom vorgeladen wurde. Dies konnte Friedrich der Weise abmildern, so dass nun nur ein Verhör durch den päpstlichen Nuntius Cajetan in Augsburg mit dem Ziel, Luther möge widerrufen, angesetzt wurde. Als dieser sich dem Widerruf verweigerte, war die Wasserscheide erreicht: Von nun an gab es für Luther kein Zurück mehr auf dem Weg der (noch nicht so bezeichneten) Reformation und der damit verbundenen Trennung von Rom.

◀

Albrecht Dürer, Der Mainzer Kurfürst Kardinal Albrecht von Brandenburg, Kupferstich 1519

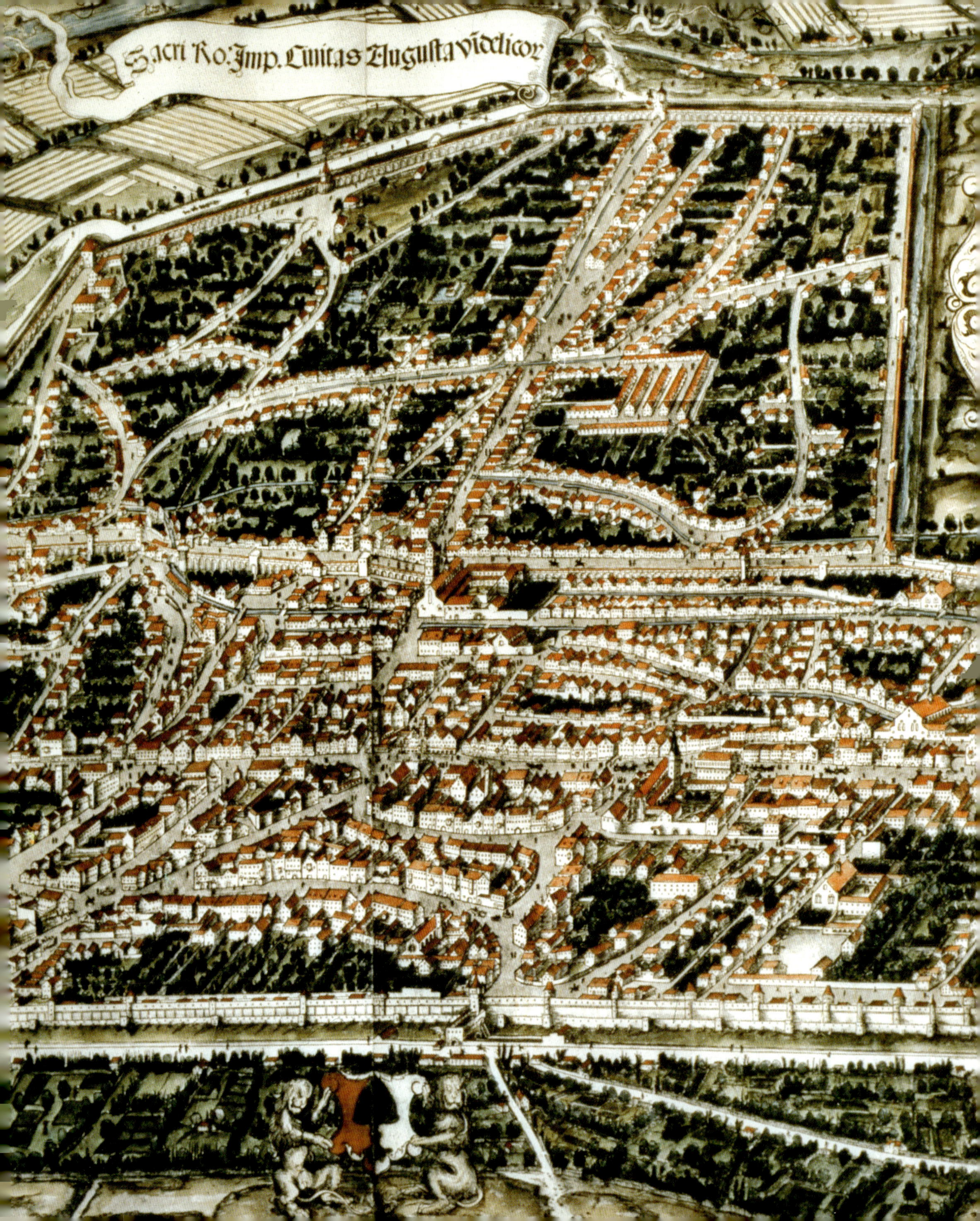
Sacri Ro: Imp. Ciuitas Augusta vidēlicor

8

VERHÖR DES ABTRÜNNIGEN – AUGSBURG

◄

Georg Seld / Hans Weiditz, Fuggerei Augsburg, Stadtplanausschnitt, nachträglich kolorierter Holzschnitt (Weiditz) nach einer Zeichnung (Seld) 1521. Als Luther nach Augsburg zitiert wurde, befand sich die weltweit älteste und noch heute bestehende Sozialsiedlung für bedürftige Augsburger Bürger im Bau.

Augsburg war zu Beginn des 16. Jahrhunderts mit etwa 25000 Einwohnern nicht nur eine der größten Städte des Deutschen Reiches, sondern auch das bedeutendste Handelszentrum Mitteleuropas. Hier hatte sich 1367 der erste Angehörige der Familie Fugger niedergelassen, die im 15. Jahrhundert ein gewaltiges Finanz- und Wirtschaftsunternehmen aufbauen sollte. Es erzielte mit der Vergabe von Krediten an weltliche Potentaten und Päpste sowie mit der logistischen Begleitung des Ablasshandels exorbitante Gewinne, legte jedoch gerade zur Zeit Luthers auch die erste große Sozialsiedlung der Welt an. Dass Luther ausgerechnet in diese Stadt zitiert wurde, empfand er als Provokation der Papstkirche. Gerade der Ablasshandel hatte ja den Funken gezündet, der ihn zu seinen Thesen veranlasste.
Kardinal Albrecht von Brandenburg hatte Luther 1518 offiziell bei Papst Leo X. als Ketzer angezeigt. Für den Papst galt Luther nun als „ein Kind des Verderbens, ein grimmiger Feind unseres Heils". Er musste umgehend zum Verhör zitiert werden. Allerdings blieb ihm der Gang in das verhasste Rom erspart, gegen den sich der im Reich einflussreiche Kurfürst Friedrich der Weise verwahrt hatte. So legte der Papst fest, das Verhör Luthers habe am Rande eines der zahlreichen in Augsburg stattfindenden Reichstage stattzufinden.
Im Palast von Jakob Fugger mühte sich vom 12. bis 14. Oktober 1518 der päpstliche Botschafter Kardinal Thomas Cajetan (1469–1534) ab, den abtrünnigen Augustiner aus dem fernen Wittenberg Martin Luther zur Vernunft zu bringen. Zu einer sachlichen Kontroverse war der Ordensgeneral der Dominikaner (ein Ordensbruder des Ablasshändlers Tetzel) dabei weder bereit noch in der Lage. Ihm ging es eher

anonym, *Martin Luther vor dem päpstlichen Gesandten Cajetan, Gemälde 1917 (Wartburg)*

darum, in einer Mischung aus väterlichem Appell an die Erkenntnis des Machbaren und unverhandelbarer Prinzipienfestigkeit den Heißsporn davon abzuhalten, die Autorität der Kirche anzutasten und so in sein Unglück zu rennen.
Für Luther kam freilich der geforderte Widerruf seiner 95 Thesen nicht in Frage – es sei denn, man könne ihm anhand der Heiligen Schrift nachweisen, dass er sich geirrt habe. Schon vor Beginn seiner Reise nach Augsburg war ihm klar geworden, dass es bei dem Verhör um seine Existenz gehen würde. So sorgte er dafür, dass unabhängig von dessen Ausgang – also auch im Falle einer Gefangennahme oder gar Hinrichtung – seine Haltung in dem Konflikt durch eine an den Papst gerichtete Appellation „Vom schlecht informierten an den besser zu informierenden Papst" durch Anschlag am Augsburger Dom (geschehen am 22. Oktober 1518) öffentlich bekannt werden würde.
Am 14. Oktober 1518 brach Cajetan mit den Worten „Geh und komme mir nicht mehr unter die Augen" entnervt seine Bemühungen um Luther ab. Dieser musste nun mit dem Schlimmsten rechnen. Im Schutze der Nacht gelang es ihm einige Tage später, unter Umgehung der Stadttore durch ein kleines Mauertor aus Augsburg zu fliehen.

Raffael, Papst Leo X. mit den Kardinälen Luigi Rosso und Giulio de Medici, Gemälde 1517/18

▲

Gustav König, Die Leipziger Disputation Luthers mit Eck, später kolorierte Radierung 1847

DISPUTATION MIT JOHANNES ECK – LEIPZIG

Als ihm eine Abschrift von Luthers 95 Thesen zugespielt wurde, war Herzog Georg von Sachsen („der Bärtige") in Dresden elektrisiert. Als Monarch des „anderen", des albertinischen sächsischen Landesteils setzte er den Unruhestifter Luther nicht etwa unter Druck, sondern veranlasste über den Merseburger Bischof Adolf von Anhalt, dass Luthers Thesen noch 1517 an vielen Orten angeschlagen wurden. Tatsächlich war er an einer akademischen Auseinandersetzung darüber interessiert und sorgte dafür, dass eine zwischen den Theologieprofessoren Johannes Eck (Ingolstadt) und Karlstadt (Wittenberg) vereinbarte Disputation mit Luther in Leipzig stattfinden konnte. Als Austragungsort wurde die alte Befestigungsanlage „Pleißenburg" an der Südwestspitze der Stadt vereinbart. Auf ihren Grundmauern ist um die Wende vom 19. zum 20. Jahrhundert das Neue Rathaus erbaut worden.
War zunächst an eine der üblichen wissenschaftlichen Disputationen um eine akademische Frage (in diesem Fall die Ablassfrage) gedacht, so wandelte sich die vorzubereitende Veranstaltung immer mehr zu einer grundsätzlichen Auseinandersetzung über die für Christen maßgeblichen Normen und Autoritäten.
Karlstadt eröffnete am 27. Juni 1519 die fast drei Wochen dauernde Disputation mit seinen Thesen zum Verhältnis zwischen dem menschlichen Willen und der göttlichen Gnade. Die eigentlichen Antipoden waren jedoch Eck und Luther, die nicht weniger als elf Tage lang mit Worten „den Geist aufeinanderprallen" ließen (Luther). Johannes Eck, seit 1510 Professor der Theologie in Ingolstadt, war Luther zunächst freundschaftlich zugetan, stimmte in der Ablassfrage sogar weitgehend mit ihm überein und warb für eine Reform der Kirche. Seit der Leipziger Disputation galt

▲

Die Pleißenburg in Leipzig, um 1890

▲

Peter Weinher d. Ä., Johannes Eck, Kupferstich 1572

er allerdings als einer der profiliertesten Gegner Luthers. In zahlreichen Schriften verteidigte er die katholische Lehre gegen die Lutheraner. So verfasste er 1530 für den Reichstag zu Augsburg 404 Artikel über Luthers vermeintliche Irrtümer und übersetzte 1537 die Bibel ins Alemannische. Während Luther mit seiner Bibelübersetzung die Entstehung einer bildkräftigen und volksnahen Sprache förderte, hielt sich Eck sehr eng an den Text und fand damit selbst in Süddeutschland nur begrenzte Verbreitung.

Luther trat erst am 4. Juli 1519 ans Rednerpult. Er begründete erneut seine Weigerung, die Thesen zum Ablass zu widerrufen. Zum Entsetzen Ecks stell-

Spottblatt auf Luthers Gegner, Flugblatt-Holzschnitt um 1521. Die Karikatur zeigt von links Thomas Murner als Kater, Hieronymus Emser als Bock, Papst Leo X. als Löwe, Johannes Eck als Schwein und Jakob Lemp als Hund.

te er anschließend jedoch die Unfehlbarkeit des Papstes in Glaubensfragen (die erst 1870 zum Dogma erhoben worden ist) in Frage, bestritt also dessen höchste Autorität und erhob stattdessen die Gültigkeit der Bibel über alle amtskirchlichen Entscheidungen. Auch könne Jan Hus, der 1415 auf dem Scheiterhaufen verbrannt worden war, nicht mit all seinen Gedanken als ketzerisch bezeichnet werden. Und selbst wenn es sich unstrittig um einen Verleugner des rechten Glaubens handeln würde, wäre Ketzerverbrennung „wider den Heiligen Geist".

Der Leipziger Humanist, katholische Theologe (zugleich Luther-Sympathisant) und spätere Universitätsrektor Petrus Mosellanus als Veranstalter der Leipziger Disputation 1519 über Luther: „Man kann sich kaum vorstellen, dass der Mann wichtige Dinge ohne Gott vornimmt. Aber einen Fehler tadeln alle an ihm: Er ist, wenn er jemanden zurechtweist, etwas zu unverschämt und bissig, mehr als jemand, der als Theologe einen neuen Weg geht und ein Gottesgelehrter ist, sein sollte."

Im Unterschied zur Gegenseite (deren Unterstützer „saßen allezeit neben Dr. Eckio und schliefen ganz sanft") wurden Luther während der Disputation mehrmals Zettel gereicht, mit denen er an weitere Themen für den Diskurs erinnert werden sollte. Sie stammten von Melanchthon.

Am Ende sahen sich beide Seiten als Sieger der Disputation. Luthers Auffassung jedoch fand weite Verbreitung, denn dessen Disputationstexte wurden in Erfurt und Paris publiziert. Seine klare, kompromisslose Haltung zum Papst konnte nur zum Bruch mit Rom führen. Für Eck gab es nur eine mögliche Konsequenz. Er musste in Rom eine Bannbulle gegen Luther erwirken.

Die Leipziger Disputation hinterließ ihre Spuren nicht nur im akademischen theologischen Diskurs. Sie schlug sich direkt in der gottesdienstlichen Praxis nieder – sei es mit der herausgehobenen Bedeutung der Predigt, mit dem in liturgischem Rahmen frei ausgewählten Gemeindelied oder aber mit der Zulassung des Laienkelchs. Aus der religiösen Debatte wurde noch vor Luthers Auftritt auf dem Reichstag zu Worms 1521 eine soziale Aufbruchsbewegung, die die politischen Machtverhältnisse des Deutschen Reiches in Frage zu stellen drohte. Ohne den Schutz, den Kurfürst Friedrich der Weise und später Kurfürst Johann der Beständige Luther gewährten, wäre seine Reformation wohl bereits im Keim erstickt worden.

Dagegen bekämpfte der für Leipzig zuständige albertinische Herrscher Herzog Georg der Bärtige, Cousin des ernestinischen Kurfürsten Friedrich der Weise, den Reformator seit der Leipziger Disputation und verbot in seinem Landesteil die Verbreitung von Luthers Schriften (einschließlich seiner deutschen Übersetzung des Neuen Testaments).

Luther besuchte die Universitäts- und Messestadt Leipzig mehr als ein Dutzend Mal, obwohl er dort nach der Disputation zwanzig Jahre lang nicht predigen durfte. Nach 1521 sah er vor dem Hintergrund der reformationsfeindlichen Politik des Herzogs Georg von weiteren Besuchen ab. Als nach dessen Tod unter dem Nachfolger, Georgs Bruder Heinrich der Fromme, die Reformation auch in Leipzig zu Pfingsten 1539 eingeführt wurde, predigte Luther in der Kapelle der Pleißenburg (sie wurde später unter August dem Starken wieder als katholisches Gotteshaus für Angehörige des Dresdner Hofes bei ihren Besuchen in Leipzig genutzt) und in der Thomaskirche. Nun war es wieder möglich, lutherische Schriften in der Stadt zu drucken. Vier Jahre später weihte Luther mit einer Predigt die ehemalige Dominikanerkirche St. Pauli als Universitätskirche ein (sie ist 1968 von den SED-Machthabern in einem politischen Willkürakt gesprengt worden, obwohl sie im Zweiten Weltkrieg unversehrt geblieben war).

Obwohl die Stadt Leipzig selbst darauf keinen Einfluss hatte, konnte Luther ihr den langen Widerstand gegen die Reformation nicht verzeihen. Für ihn blieb die damals schon bedeutende Handels- und Messestadt eine „Mistpfütze des Wuchers und vieler Übel".

▲

anonym, Luthers Vesperpredigt am ersten Pfingstfeiertage, kolorierte Lithografie 1839. Die Abbildung stellt den überfüllten Hauptgottesdienst zur Einführung der Reformation 1539 in der Leipziger Thomaskirche dar.

ERNEUT VERWEIGERTER WIDERRUF – WORMS

◄
Der Dom zu Worms um 1900

Durch die Leipziger Disputation fühlte sich Luther herausgefordert, seine reformatorischen Hauptgedanken in verbindlicher Form niederzulegen. So prangerte er die Missstände der Kirche 1520 in mehreren Schriften an: „An den christlichen Adel deutscher Nation, von des christlichen Standes Besserung" – „Von der babylonischen Gefangenschaft der Kirche" – „Von der Freiheit eines Christenmenschen" – „Sermon von den guten Werken".
Zugleich eskalierte die Auseinandersetzung zwischen Rom und Luther. Die römische Kurie stand vor der Aufgabe, Luther mit kirchenrechtlichen Mitteln als Ketzer zu überführen und auszuschalten. Sie konnte dabei den Rückhalt, den der Wittenberger Provokateur bei Friedrich dem Weisen, einem der mächtigsten Kurfürsten des Reiches, genoss, nicht ignorieren. Dennoch erhielt Luther im Oktober 1520 die päpstliche Bulle, mit der ihm der Kirchenbann angedroht wurde. In einer öffentlichkeitswirksamen Inszenierung vor dem Elstertor in Wittenberg verbrannte er am 10. Dezember 1520 dieses hochoffizielle Dokument, „zuerst zitternd und betend" (Luther). Bald aber habe er sich „darüber mehr gefreut als über irgendeine andere Tat meines Lebens, denn sie [die päpstlichen Bücher] sind noch giftiger als ich glaubte."
Da er die Aufforderung des Papstes zum Widerruf seiner Schriften binnen 60 Tagen verstreichen ließ, wurde Luther im Januar 1521 exkommuniziert, zum Ketzer erklärt und dem Kirchenbann unterworfen. Karl V. (1500–1558), der erst im Vorjahr als Zwanzigjähriger Kaiser geworden war, lud ihn zum Reichstag nach Worms vor, wo er seine Lehren verbindlich widerrufen sollte. Das dafür zugesicherte freie Geleit war ein Zugeständnis an den sächsischen Kurfürsten und wurde angesichts des Schick-

Paul Thumann, Luther verbrennt die Bannandrohungsbulle, Ölgemälde 1872

Abschließende Bemerkung aus dem Bericht des päpstlichen Nuntius Hieronymus Aleander an den päpstlichen Vizekanzler über die (dem Reichstag vorangegangenen) ersten Beratungen zur Causa Luther auf dem Reichstag zu Worms vom 27. Februar 1521: „So befinden wir uns denn die ganze Zeit über in einem solchen Wirrsal, dass wir in Wahrheit nicht wissen, wo aus noch ein: denn wenn Martin kommt, droht das Schlimmste."

sals von Jan Hus, der 1415 trotz gleicher Zusage auf dem Scheiterhaufen verbrannt worden war, in Luthers Umfeld mit großem Misstrauen gesehen. Obwohl dieser sich der Gefahr bewusst war, setzte er sich darüber hinweg und zog am 16. April 1521 umjubelt in Worms ein. Niemals zuvor hatte ein Ideenträger, der nicht Kriegsherr oder Monarch war, eine solche Begeisterung hervorgerufen.
Der Kaiser war an einem schnellen Widerruf ohne Wenn und Aber interessiert, jedoch nicht an einem Austausch von Argumenten oder gar an einer Disputation. Da dies nicht den Erwartungen Luthers entsprach, erbat er sich Bedenkzeit, die ihm auch gewährt wurde. Am nächsten Tag machte er unmissverständlich klar, dass er nicht widerrufen könne und wolle.

Paul Thumann, Luther auf dem Reichstag in Worms, Gemälde 1872

Von seinem Auftritt vor dem Wormser Reichstag wurden vor allem die abschließenden Worte berühmt: „Hier stehe ich, ich kann nicht anders." Doch gerade sie sind nicht historisch belegt. Unbestritten bleibt vielmehr, dass er sich allein auf die Heilige Schrift, die Vernunft und sein Gewissen berief, als er den geforderten Widerruf seiner Schriften verweigerte.

Luthers abschließendes Bekenntnis auf dem Reichstag zu Worms am 18. April 1521: „Wenn denn Eure allergnädigste Majestät und fürstliche Gnaden eine einfache Antwort verlangen, will ich sie ohne Spitzfindigkeiten und unverfänglich erteilen, nämlich so: Wenn ich nicht durch das Zeugnis der Heiligen Schrift oder vernünftige Gründe überwunden werde – denn weder dem Papst, noch den Konzilien allein vermag ich zu glauben, da es feststeht, dass sie wiederholt geirrt und sich selbst widersprochen haben –, so halte ich mich überwunden durch die Schriften, die ich angeführt habe, und mein Gewissen ist durch Gottes Worte gefangen. Und darum kann und will ich nichts widerrufen, weil gegen das Gewissen zu handeln weder sicher noch lauter ist. Gott helfe mir, Amen."

▲ *Anton von Werner, Luther auf dem Reichstag zu Worms im April 1521, Gemälde um 1900*

Kurfürst Friedrich der Weise, der hier zum ersten und wohl einzigen Mal seinen Wittenberger Professor persönlich erlebte (freilich ohne ihn selbst zu sprechen), äußerte sich anschließend gegenüber Spalatin zufrieden mit Luthers konsequenter Haltung, schränkte allerdings auch ein, dass dieser ihm „viel zu kühn" sei.
Der Kaiser machte nun kurzen Prozess. Er befahl Luther am 25. April 1521 aus Worms abzureisen. Am 8. Mai ließ er das „Wormser Edikt" verkünden, mit dem Luthers Schriften und Lehren – eine „stinkende Pfütze" – verboten wurden und seine Person für vogelfrei erklärt wurde. Das kaiserliche Dokument beschimpft Luthers Predigten als Anstiftung zu Rebellion, Totschlag und Räuberei und bedroht jeden, der diesen Ketzer nicht fängt und ausliefert. Luther sei zehnmal schlimmer als Jan Hus.
Karl V. glaubte die lästige Angelegenheit um den kursächsischen Rebellen damit erledigt zu haben und wandte sich wieder den eigentlichen politischen Machtfragen zu, die ihn z. B. von französischer Seite mit seinem außenpolitischen Rivalen Franz I. bedrängten. Er nahm nicht mehr wahr, dass sein Wormser Edikt alles andere als die Wirkung eines erfolgreichen Machtworts verströmte und die Unruhe, das Raunen um Luthers Lehre und weiteres Wirken eher noch angefacht hatte. Vor allem aber hatte der Kaiser (möglicherweise aus einem uns nicht bekannten Grund bewusst) übersehen, dass der Vollzug des Edikts ausgerechnet dem sächsischen Kurfürsten

In Worms steht seit 1868 das weltweit größte Lutherdenkmal. Der Bildhauer Ernst Rietschel (von ihm stammt z. B. auch das Goethe-Schiller-Denkmal in Weimar) entwarf ein umfangreiches, tief strukturiertes Bild der Reformation mit ihren wichtigsten Repräsentanten: Luther in der Mitte auf dem höchsten Podest mit Blick auf die ehemalige Bischofspfalz, wo er 1521 vorgeladen war. Darunter (am Sockel) vier Vorkämpfer für eine Reform der Kirche vor Luther: Girolamo Savonarola (1452–1498), Jan Hus (um 1370–1415), John Wyclif (um 1320–1384) und Petrus Waldes (um 1140 – zwischen 1184 und 1218). An den Seiten der Anlage Kurfürst Friedrich der Weise von Sachsen und Landgraf Philipp der Großmütige von Hessen, dahinter Philipp Melanchthon und Johannes Reuchlin. Dazwischen Personifikationen der Städte Augsburg, Speyer und Magdeburg sowie die Wappen der Städte, in denen die Reformation zuerst eingeführt wurde. Nach dem Tode Rietschels 1861 wurde das Denkmal von seinen Schülern vollendet.

freigestellt und nicht wie allen anderen Landesherren zwingend vorgeschrieben war. Offensichtlich war der mächtige Kurfürst bei seinen Gesprächen mit dem Kaiser seinem späteren Attribut „der Weise" vollauf gerecht geworden.
Ohne das Eingreifen seines Kurfürsten, der ihn anschließend auf der Wartburg festsetzen ließ und damit aus der Schusslinie nahm, hätte Luther möglicherweise Bann und Reichsacht nicht überlebt. Zugleich wäre damit seine Reformation zu Ende gewesen – noch bevor sie sich überhaupt hätte entfalten können.
Allerdings hatte sich von unerwarteter Seite außerhalb des Reiches eine Alternative zum Plan des sächsischen Kurfürsten angedeutet. Der dänische König Christian II. hielt das Vorgehen seines Schwagers Kaiser Karl V. gegen Luther für verfehlt und erklärte sich 1521 bereit, diesem im Anschluss an den Wormser Reichstag Asyl in Dänemark zu gewähren, verbunden mit einer Professur an der Universität Kopenhagen. Ob Luther dieses Angebot erreichte, ob er zu einem solch gravierenden Schritt bereit und ob der Plan durchführbar gewesen wäre (für die Entfernung zwischen Worms und der damaligen dänischen Grenze zum Reich – etwa 700 Kilometer – hätten dreizehn Tagesreisen vom 25. April bis zum 8. Mai kaum ausgereicht), ist nicht bekannt.

Gottes wort
bleibt ewig.
Biblia/ das ist/ die
gantze Heilige Sch=
rifft Deudsch.
Mart. Luth.
Wittemberg.
Begnadet mit Kür=
furstlicher zu Sachsen
freiheit.
Gedruckt durch Hans Lufft.
M. D. XXXIIII.

DER SPRACHSCHÖPFER – BIBELÜBERSETZUNG IM SCHUTZ DER WARTBURG

◄

Martin Luther, Biblia/das ist/die gantze Heilige Schrifft Deudsch, Wittenberg 1534. Das Titelblatt der ersten vollständigen Bibel-Ausgabe in deutscher Sprache mit Holzschnitt-Illustrationen aus der Cranach-Werkstatt wirkt wie ein durch Engel ausgerollter Vorhang vor einem repräsentativen Kirchenportal.

„Man muss die Mutter im Hause, die Kinder auf der Gasse, den gemeinen Mann auf dem Markt drum fragen und denselbigen auf das Maul sehen, wie sie reden und danach dolmetschen. So verstehen sie es dann und merken, dass man deutsch mit ihnen redet."

Deutlicher konnte Luther nicht bekunden, dass für seinen Umgang mit der Sprache nicht nur wissenschaftliche oder historische Ableitungen, sondern vor allem das Verständnis bei den einfachen Menschen entscheidend war. Er selbst hatte die Bibel erst als Mönch im Erfurter Augustinerkloster lesen können und wusste, dass die übergroße Mehrheit der Deutschen bisher nie in ihrem Leben überhaupt eine Bibel in die Hand bekam, geschweige denn lesen konnte.

Seine Faszination für die Bibel, die er wieder und wieder studierte, führte zu dem selbstgesetzten Anspruch, sie einheitlich und allgemein verständlich ins Deutsche zu übersetzen. Doch dazu musste er entscheiden, welche der zahlreichen Sprachformen und Dialekte des Deutschen die nachhaltigste Verbreitung im Volk gefunden hatte. Auf der Basis der sächsischen Kanzleisprache verband er einheimische (d. h. kursächsische) und oberdeutsche Elemente, die er durch eigene Sprachschöpfungen aufwertete und zugleich vereinheitlichte. Die vielzitierte Rolle Luthers als Schöpfer der deutschen Sprache fußt also auf einem komplizierten vergleichenden, abwägenden, anpassenden und erweiternden Prozess der Sprachanalyse. Dabei kam ihm seine mitteldeutsche Herkunft zugute. Denn ein Nord- oder Süddeutscher hätte kaum die gegensätzlichen Sprachformen im deutschen Sprachraum unter einen Hut bringen können.

Wilhelm von Löwenstern, Luthers Entführung auf die Wartburg 1521, später kolorierte Lithografie um 1827

Johann Gottfried Herder charakterisierte etwa 250 Jahre später diese Leistung mit dem prägnanten Diktum, Luther habe „die deutsche Sprache, einen schlafenden Riesen, aufgeweckt und losgebunden." Und Goethe meinte 1819 dazu: „So sind denn die Deutschen erst ein Volk durch Luther geworden."

Luthers konzentrierter und detaillierter sprachlicher Auseinandersetzung mit der Heiligen Schrift kam eine äußere, freilich nicht von ihm herbeigesehnte Fügung zugute: der Zwangsaufenthalt auf der Wartburg. Da er 1521 in Worms nicht bereit gewesen war, seine vermeintlich ketzerischen Lehren zu widerrufen, wurde mit dem Wormser Edikt über ihn die Reichsacht verhängt. Sie erklärte ihn für vogelfrei, so dass ihn jedermann straffrei hätte töten dürfen.

Kurfürst Friedrich dem Weisen war sofort klar, dass Luther jetzt eines besonderen Schutzes bedurfte, und ließ über Spalatin auf der Rückreise einen Überfall auf die kleine Reisegesellschaft inszenieren, bei dem Luther (der eingeweiht war) im westlichen Thüringer Wald bei Altenstein (scheinbar) gewaltsam entführt wurde. Man brachte ihn auf die etwa zwanzig Kilometer entfernte Wartburg bei Eisenach, wo er für die nächsten zehn Monate inkognito, verkleidet als „Junker Jörg", und abgeschirmt von der Öffentlichkeit lebte. Nur der Burghauptmann war über seine wahre Identität im Bilde.

Die früh verbreitete Legende, Luther habe in seinem dortigen Studierstübchen den Kampf gegen den Leibhaftigen mit einem gezielten Tintenfass-Wurf geführt, von dem ein (freilich vielfach erneuerter und inzwischen endgültig beseitigter) Tintenfleck an der Wand zeuge, vermag zumindest ein Schlaglicht auf die enorme psychische Belastung des Professors zu werfen, der seine neue Situation zunächst als

Die Wartburg bei Eisenach. Die beiden von Luther bewohnten Stübchen befanden sich im rückwärtigen Gebäudetrakt gegenüber der weißen Kemenate rechts.

Lucas Cranach d. Ä., Bildnis Luthers als Junker Jörg, Gemälde 1522

depressionsfördernde Isolationshaft mit Anfechtungen verschiedener Art empfand, zu denen eben auch die des Teufels gehörten.
Bereits 1517 hatte Luther damit begonnen, Teile der Bibel zu übersetzen. Auf der Wartburg übersetzte er nun 1521/22 das Neue Testament innerhalb von nur elf Wochen. Den Anstoß, seinen verborgenen Aufenthalt auf der Burg dafür zu nutzen,

Die Lutherstube in der Vogtei der Wartburg, in der Luther an seiner Bibelübersetzung arbeitete

gab Melanchthon, der auch bei der Schlussredaktion vor Veröffentlichung als sogenanntes September- bzw. Dezembertestament 1522 half. Dies rief umgehend die Luther-Gegner unter den deutschen Fürsten auf den Plan, die Vertrieb und Besitz der neuen Bibel in ihren Territorien verboten. Der große Erfolg seiner Bibelübersetzung zog allerdings auch zahlreiche Raubdrucke nach sich. Deshalb benutzte Luther seit 1524 das Lamm Gottes mit der Kreuzesfahne und die sogenannte Lutherrose als eines der ersten Copyright-Zeichen zum Erschweren von Raubdrucken. Die Lutherrose, die er auch als sein Briefsiegel und als Familienwappen verwandte, wurde später weltweit zu einem wichtigen Symbol des evangelisch-lutherischen Christentums.
Für das Alte Testament brauchte Luther wesentlich länger als für das Neue. Die erste vollständige Bibelübersetzung erschien 1534, gefolgt von weiteren immer wieder überarbeiteten Ausgaben 1541 und 1545. Grundlage dafür bildeten insbesondere griechische und hebräische, aber auch lateinische Bibel-Vorlagen.

Wie kein anderes Druckerzeugnis zuvor erreichte Luthers Bibel – beginnend bei den Schulkindern – alle Schichten der Bevölkerung. Auf etwa 25 bis 30 Einwohner des damaligen deutschen Sprachraums kam eine Bibel. Allein in Wittenberg erschienen zu Luthers Lebzeiten zehn vollständige und 80 Teilausgaben der Bibel. Hinzu kamen etwa 260 Ausgaben an anderen deutschen Druckorten.

Nicht zuletzt dank dieser extrem starken Verbreitung konnte sich auf der Grundlage der Luther-Bibel schrittweise eine neue, einheitliche deutsche Schriftsprache entwickeln.

Sein Einsatz für die deutsche Sprache hatte auch zur Folge, dass Luther seinen sorbischen Seminaristen (um Wittenberg war seinerzeit noch eine sorbische Sprachinsel verblieben) die Verwendung ihrer Muttersprache untersagte.

Luthers Werke liegen heute in Kritischen Gesamtausgaben vor, die sich in deutsche Bibel-Übersetzungen, Schriften, den Briefwechsel und die (freilich nicht von ihm selbst aufgezeichneten und damit auch nicht immer zwangsläufig authentischen) Tischreden gliedern. Kein anderer Autor des 16. Jahrhunderts (und kaum einer aus späteren Zeiten) hat uns ein so umfangreiches und vielgestaltiges publizistisches Werk hinterlassen.

Zu den besonders markanten sprachlichen Leistungen Luthers gehören neuartige Wörter, Formulierungen und Redewendungen voller emotionaler oder bildnerischer Ausdruckskraft, die bis heute in direkter oder übertragener Bedeutung lebendig sind. Viele davon sind ein so selbstverständlicher Teil unserer Sprache geworden, dass ihre Herkunft von Luther kaum mehr allgemein bewusst ist.

◂

Die Lutherrose. Luther erklärt sie 1530: „Es soll ein Merkzeichen meiner Theologie sein: Das erste sollte ein schwarzes Kreuz in einem Herzen sein, das seine natürliche Farbe hätte, damit ich mir selbst Erinnerung gäbe, dass der Glaube an den Gekreuzigten uns selig machet. Denn so man von Herzen glaubt, wird man gerecht … Solch rotes Herz aber soll mitten in einer weißen Rose stehen, um anzuzeigen, dass der Glaube, Freude, Trost und Friede gibt und ihn kurzum in eine weiße fröhliche Rose versetzt. Denn die weiße Farbe ist der Geister und aller Engel Farbe. Solche Rose stehet in einem himmelfarbenen Felde, wie solche Freude im Geist und Glauben ein Anfang der himmlischen, zukünftigen Freude ist … Und in solch Feld einen goldenen Ring als Zeichen dafür, dass solche Seligkeit im Himmel ewig währet und kein Ende hat und auch kostbar über alle Freude und Güter hinaus ist, so wie das Gold das höchste, kostbarste Metall ist …"

Sätze / Sprichwörter

Bleibe im Lande und nähre dich redlich
Das ist der Lauf der Welt
Die Haare stehen zu Berge
Einer trage des Anderen Last
Ihm geht ein Licht auf
Kein Stein ist auf dem andern geblieben
Mag dieser Kelch an mir vorübergehen
Nun hat die liebe Seele Ruh
Suchet, so werdet ihr finden
Wer Andern eine Grube gräbt fällt selbst hinein
Wes das Herz voll ist, dem geht der Mund über

Wortpaare

Alt und grau
Rat und Tat
Stecken und Stab
Treu und Glauben
Zeichen und Wunder
Zittern und Zagen

Redewendungen

Auf Sand bauen
Den Kindern dieser Welt
Den letzten Heller ausgeben
Die Spreu vom Weizen trennen
Die Wurzel allen Übels
Ein Buch mit sieben Siegeln
Ein Dorn im Auge
Ein Herz und eine Seele sein
Ein Pfahl im Fleische sein
Fünftes Rad am Wagen
Gegen den Strom schwimmen
Im Dunkeln tappen
In den Wind reden
In jemandes Fußtapfen treten
Jemandem das Maul schmieren
Jemandem nicht das Wasser reichen können
Mit Engelszungen reden
Nicht müde werden, Gutes zu tun
Nicht von dieser Welt sein
Noch nicht über den Berg sein
Perlen vor die Säue werfen
Schiffbruch erleiden
Schnöder Mammon
Sein Licht nicht unter den Scheffel stellen
Sich die Hände in Unschuld waschen
Wes Geistes Kind
Wider den Stachel löcken
Wolf in Schafskleidern

Einzelwörter

ausposaunen
Beruf
Blutgeld
Bluthund
Denkzettel
Ebenbild
erregen
Fallstrick
Feuereifer
Feuertaufe
Friedfertige
Gewissensbisse
Herzenslust
Hiobsbotschaft
Judaskuss
Kleingläubige
Kriegsknechte
Landesvater
Lästermaul
Lockvogel
Lückenbüßer
Machtwort
Menschenfischer
Moloch
Morgenland
nacheifern
nachjagen
Nächstenliebe
plappern
Richtschnur
Schandfleck
Splitterrichter
Sündenbock
Talent
wetterwendisch
Wohlgefallen
zermalmen

ANNO·ETATIS·26
ANNO·DOMINI·1509

GEORG SPALATIN – ORGANISATOR UND POLITISCHER VERMITTLER DER REFORMATION

Georg Spalatin (1484–1545) – eigentlich hieß er Georg Burkhardt – nannte sich erst nach 1508, als er Erzieher des jungen kursächsischen Prinzen (des späteren Johann des Beständigen) geworden war, nach seiner mittelfränkischen Geburtsstadt Spalt. Zuvor hatte er Schulen dort und in Nürnberg sowie die Universitäten in Erfurt und Wittenberg besucht.

Der sächsische Kurfürst erteilte ihm 1510 den Großauftrag, die gesamte Geschichte der Sachsen, der Thüringer und der Meißner zu erforschen und in mehreren Bänden darzustellen. Die eindrucksvollen fertiggestellten Bände des insgesamt unvollendet gebliebenen Werkes enthalten nicht weniger als etwa 1800 Illustrationen aus der Cranach-Werkstatt.

Friedrich der Weise nutzte die Gelegenheit, für die junge Wittenberger Universität eine Bibliothek aufzubauen, und beauftragte damit Georg Spalatin, der sich nicht nur als Erzieher und Geschichtsschreiber, sondern auch noch als Übersetzer bereits am kursächsischen Hof bewährt hatte. Die im Wittenberger Schloss untergebrachte Bibliothek wurde im Oktober 1512 gegründet. Spalatin verwaltete sie bis zu seinem Lebensende, obwohl er ab 1525 Oberpfarrer an der Bartholomäikirche und ab 1528 als Superintendent in der Residenzstadt Altenburg tätig war. Von da an gab er dem sozialen und geistlichen Leben der Stadt im Sinne der Reformation beispielhaft eine neue Ordnung. Dazu gehörte die Verstaatlichung der fünf Altenburger Klöster. Zugleich lebten Spalatins Verbindungen nach Wittenberg und damit auch zu Luther in einem regen Briefwechsel fort.

◄ *Lucas Cranach d. Ä., Georg Spalatin, Gemälde 1537*

Matthäus Merian d. Ä., Die Fürstliche Residenzstadt Altenburg in Meißen, Kupferstich 1650. Ansicht von Südosten. In der rechten Bildhälfte thront das Schloss über der Stadt.

Spalatin und Luther hatten sich um 1514 in Wittenberg kennengelernt (Begegnungen aus ihrer jeweiligen Studienzeit in Erfurt fast zehn Jahre zuvor sind nicht ausgeschlossen). Die Vorlesungen und Predigten des späteren Reformators faszinierten Spalatin, der sich selbst eher als Jurist denn als Theologe sah. Gerade mit dieser unterschiedlichen Akzentsetzung ergänzten sich Luther und Spalatin; sie wurden einander unentbehrlich.

Die oft kompromisslose Leidenschaft Luthers konnte für den behutsamen, abwägenden, sich selbst eher zurücknehmenden Moderator Spalatin jedoch auch zur Belastung werden. Als dieser ihn im November 1521 darüber informierte, dass Kurfürst Friedrich der Weise weitere Schriften Luthers gegen den Mainzer Kardinal Albrecht nicht dulden werde, polterte Luther gegen Papst, Kurfürst, Bischof und sogar gegen den Nachrichtenüberbringer Spalatin los: „Lieber will ich Euch und den Kurfürsten selbst und alle Kreatur zugrunde richten. Wenn ich nämlich dem Papst Widerstand geleistet habe, warum soll ich dann seinem Gemächte, dem Mainzer weichen? Für die Schafe Christi muss man mit höchster Kraft diesem greulichsten Wolf Widerstand leisten, für andere zum warnenden Beispiel." – Dass der Kurfürst und Spalatin nur darauf bedacht waren, Luther möge im Interesse der reformatorischen Bewegung den Bogen nicht überspannen, ignorierte dieser.

Albrecht Dürer, Friedrich der Weise. Kurfürst von Sachsen, Kupferstich 1524

Während sich Luther als Impulsgeber, als geistliches und geistiges Haupt der Reformation immer mehr profilierte, hielt Spalatin ihm dafür den Rücken frei. Er unterstützte seine Universitätsreform. Als Privatsekretär des Kurfürsten unterhielt er die Kontakte zum kursächsischen Hof, bewies diplomatisches Geschick nach allen Seiten und sorgte für die logistische Umsetzung des kurfürstlichen Planes, Luther auf seiner Rückreise von Worms nach Wittenberg im Mai 1521 (in den Augen Dritter) zu „entführen" und inkognito auf der Wartburg unterzubringen. Luthers Verbindungen von dort nach draußen wurden ausschließlich über Spalatin geknüpft und abgewickelt.

Wie unverzichtbar Spalatins Rolle für Luther war, kann allein schon daran ermessen werden, dass Friedrich der Weise und Luther niemals miteinander gesprochen haben. Einzig über Spalatin unterhielten sie Kontakte. In Worms beobachtete der Kurfürst den Auftritt Luthers vor dem Reichstag zwar mit Genugtuung, bat ihn aber auch hier nicht selbst zum Gespräch. Rastlos wirkte Spalatin im Sinne von Luthers Reformation, nicht zuletzt auch als häufiger Visitator in den neuen evangelischen Kirchengemeinden Kursachsens. Er war der Steuermann der Reformation.

Gegen Ende seines Lebens litt Spalatin unter Schwermut und fand in seinem Briefwechsel mit Melanchthon Trost. Gleichwohl genoss er in Altenburg, wo er eines der komfortabelsten Häuser mit seiner Familie bewohnte, bis zuletzt hohe Autorität.

Georg Spalatin: „Wenn ich nicht gewesen wäre, nimmer wäre es mit Luther und seiner Lehre so weit gekommen."

KATHARINA GEBORENE VON BORA – ZENTRUM UND MOTOR DES LUTHERSCHEN HAUSES

◄

Nina Koch, Skulptur Katharina von Bora, Innenhof des Augusteums Wittenberg, 1999

Luthers Weg vom zölibatär lebenden Mönch zum Ehemann und Familienvater war keineswegs geradlinig. Obwohl er aus theologischer Sicht die Ehe und die (ausschließlich) mit ihr verbundene Sexualität ausdrücklich bejahte und darin auch für Geistliche keine Ausnahme sah, schien er bis Ende 1524 keinen Gedanken daran verschwendet zu haben, sich gegebenenfalls selbst einmal zu vermählen. Umso mehr lag ihm am Herzen, dass sich seine Mitstreiter an der Wittenberger Universität im Interesse eines ausgewogenen Lebenswandels mit einem „Eheweib" verbanden. Als sich diese Erwartung erfüllt hatte und Luther selbst als Einziger „unbeweibt" (wie man damals sagte) geblieben war, stellte sich nun jedoch auch für ihn die Frage einer Eheschließung sehr akut.

Ob Katharina von Bora (1499–1552) aus Lippendorf im Leipziger Süden oder aus Hirschfeld bei Nossen stammt, ist strittig. Sie kam bereits im sechsten Lebensjahr nach dem Tod der Mutter und erneuter Heirat des Vaters in das Augustiner-Chorfrauenstift Brehna und wechselte spätestens 1509 zur Vorbereitung auf den geistlichen Stand in das Zisterzienserinnenkloster Marienthron in Nimbschen bei Grimma. Hier erhielt sie eine umfassende Ausbildung und legte 1515 ihr Gelübde als Nonne ab.

Luthers Schriften ließen bei ihr den brennenden Wunsch reifen, dem Kloster zu entkommen. In der Osternacht 1523 gelang ihr zusammen mit acht weiteren Nonnen die Flucht. Der Torgauer Klosterlieferant Leonhard Koppe versteckte sie auf seinem Planwagen hinter Heringsfässern (nicht etwa in den stinkenden Fässern, wie zuweilen dramatisierend kolportiert wurde) und brachte alle nach Wittenberg

▲
Lucas Cranach d. Ä., Luther und seine Ehefrau Katharina von Bora, Doppel-Gemälde 1529

– ein konspiratives Vorgehen, das mit Luther, den Koppe gut kannte, offenbar abgestimmt war.
Luther verfasste umgehend das Sendschreiben „Ursach und Antwort, daß Jungfrauen Klöster göttlich verlassen mögen“, in dem er die Flucht der Nonnen verteidigte und zugleich deren Namen öffentlich machte.
Vorerst wohnte Katharina von Bora im Hause Lucas Cranachs. Nach zwei vergeblichen Versuchen Luthers, sie wie die anderen entflohenen Nonnen an den Mann zu bringen, heiratete er sie schließlich am 15. Juni 1525 im „Schwarzen Kloster“ (in der Wohnung des Bräutigams) selbst. Von Liebe konnte dabei noch keine Rede sein, eher wohl von Pflichtgefühl auf Seiten Luthers und von Versorgungssicherheit auf Seiten Katharinas. Doch dies änderte sich bald.
Johannes Bugenhagen nahm als Stadtpfarrer die kirchliche Einsegnung vor. Nach der Feier wurden die frisch Getrauten sogleich in die Schlafkammer geführt, wo sie sich

▲

Lutherhaus in Wittenberg. Luther lebte ab 1508 als Mönch im ehemaligen Augustinerkloster (im „Schwarzen Kloster") und nach dessen Auflösung ab 1525 mit seiner Familie.

noch unter Anwesenheit der Trauzeugen ins Ehebett legten. Als erste „Amtshandlung" nach der Eheschließung entsorgte Katharina den völlig verfaulten Strohsack ihres Gatten.

Die Hochzeit der ehemaligen Ordensleute zog polemische Angriffe überwiegend altgläubiger Gegner nach sich. Dabei wurden die Verheiratung des ehemaligen Mönchs an sich, die Wahl einer entlaufenen Nonne und schließlich auch der Zeitpunkt der Eheschließung auf dem Höhepunkt des blutigen Bauernkriegs gerügt. Doch auch Luthers Vertrauter Philipp Melanchthon, vor dem er die geplante Eheschließung zunächst geheim gehalten hatte, versuchte sich mit einer vorsichtig distanzierenden Erklärung: „Der Mann ist überaus leicht zu verführen, und so haben ihn die Nonnen, die ihm auf alle Weise nachstellen, umgarnt. Vielleicht hat dieser häufige Verkehr mit den Nonnen ihn, obgleich er ein edler und wackerer Mann ist, verweichlicht und das Feuer bei ihm auflodern lassen."

Paul Poetzsch, Luthers Familie: Ein Ständchen für Katharina von Bora, Farblithographie nach einem Wandgemälde in der Höheren Mädchenschule Dresden-Altstadt, um 1890 (am 13.2.1945 zerstört). Die idealisierende Darstellung zeigt neben den Eheleuten Luther die Kinder Margarete, Paul, Magdalena, Martin und Johannes (von links) bei einem Geburtstagsständchen für ihre Mutter um 1539/1540.

In jedem Fall erwies sich die Entscheidung Luthers für die Ehe und insbesondere für Katharina als ein für die Reformation folgenschwerer Glücksgriff. Welche außergewöhnliche Rolle sie im Hause Luther spielte, lässt sich schon an der in einer Mischung aus Respekt und liebevollem Humor formulierten Anrede „Mein Herr Käthe" für seine Frau erahnen.

Sie managte die häusliche Wirtschaft, die sie systematisch zu einem für damalige Verhältnisse mittelgroßen Unternehmen mit vielfältigen Wirtschaftszweigen ausbaute. Dank ihres ökonomischen Sachverstands und Geschicks konnte nach und nach nicht nur der Nahrungsmittelbedarf weitgehend aus eigenen landwirtschaftlichen Erzeugnissen gedeckt werden; auch wurden täglich bis zu 40 Studenten und Magister sowie zusätzlich nichtakademische oder auswärtige Gäste sowie Flüchtlinge verköstigt und bei Bedarf außerdem beherbergt.

Katharina legte einen kleinen Weinberg an, pflanzte Bäume und Hopfen, betrieb eine Bierbrauerei sowie die Zucht von Nutzpferden, züchtete und schlachtete Schweine, Kühe, Ziegen, Hühner, Tauben und Gänse. Bis zu zehn Knechte und Mägde gingen ihr dabei zur Hand. Ihr Gemahl hatte sich bald an die reichliche, deftige Hausmannskost gewöhnt, bei der gutes Bier und Wein nicht fehlen durften.

Vom Fasten hielt er überhaupt nichts. In Schweinefleisch und Butter sah er gesunde Kost, derentwegen „die Sachsen so starke Leute sind". Sein „Erzkoch" Käthe enttäuschte ihn nicht; und um dies alles auch gut verdauen zu können, gönnte er sich, wenn es irgend ging, ein Mittagsschläfchen. Luther verkörperte jedenfalls nicht das (vermeintliche) Leitbild protestantischer Askese.
Katharina vergrößerte den Besitz der Familie um Gärten, Äcker, das Landgut Poos, 1540 um ihr Familiengut Zölsdorf bei Borna, 1541 um das Haus des Klosterverwalters Bruno Bauer und nach Luthers Tod um das Gut Wachsdorf.
Ihre Rolle beschränkte sich freilich nicht auf die wirtschaftliche Seite. An den hochrangig besetzten Tischreden Luthers (mit Persönlichkeiten von Universität, Kirche und Stadt) nahm sie nicht nur teil, sondern ergriff dabei nicht selten selbst das Wort – für Frauen damals eigentlich undenkbar. Auch bei der Drucklegung der Schriften ihres Mannes waren ihr waches Auge und ihre eingreifende Hand bald unverzichtbar.

Luther über den Zölibat in seiner Schrift „An den christlichen Adel deutscher Nation" (1520): „Wenn ein frommer Pfarrer und eine Frau in ein Leben kommen wollen, dass sie nur ihr Gewissen frisch erretteten, dann nehme er sie zum Eheweibe, behalte sie und lebe sonst anständig mit ihr wie ein Ehemann, ohne Rücksicht darauf, ob das der Papst will oder nicht will und behauptet, es sei gegen geistliches oder fleischliches Gesetz. Es liegt mehr an deiner Seelen Seligkeit als an den tyrannischen, eigenmächtigen, freventlichen Gesetzen, die weder zur Seelen Seligkeit nötig noch von Gott geboten sind. Wie ein Knecht seinem böswilligen Herrn seinen verdienten Lohn stahl, so stiehl auch dem Papst deine Ehefrau und deine Kinder."

Die Eheleute Luther hatten sechs Kinder, von denen zwei Töchter – Elisabeth und Magdalena – als Minderjährige verstarben. Der älteste Sohn Johannes studierte Jura, wurde Kanzlist und starb im fünfzigsten Lebensjahr in Königsberg. Martin junior blieb als Theologe ohne feste Anstellung in Wittenberg, wo er mit nur 33 Jahren starb. Paul, der beruflich erfolgreichste Sohn, war Professor für Medizin an der Universität Jena, zudem Leibarzt an den Höfen Sachsen-Gotha, Kurbrandenburg und schließlich Kursachsen (Dresden), wurde sechzig Jahre alt und hinterließ sechs (erwachsene) Kinder. Und Margarete (benannt nach Luthers Mutter) heiratete den ostpreußischen Edelmann Georg von Kunheim, gebar neun Kinder und verstarb mit 36 Jahren. Außerdem zog Katharina zwölf Pflegekinder auf, darunter mehrere verwaiste Neffen und Nichten der Luthers.
Entgegen dem geltenden Recht setzte Luther seine als lebenskluge Vertraute hoch geschätzte Frau in seinem Testament als Vormund ihrer Kinder und als Universalerbin ein.

Nach Luthers Tod und dem Ausbruch des Schmalkaldischen Krieges 1546 musste sich Katharina auf die Flucht begeben: Zunächst ging es nach Magdeburg und wieder zurück. Im Folgejahr führten sie die Ereignisse zunächst wiederum nach Magdeburg, dann weiter über Braunschweig und Gifhorn in Richtung Dänemark, das Katharina allerdings nicht erreichte, bevor sie nach Wittenberg zurückkehrte. Ihre Ländereien, die unter Kriegsschäden litten, konnten ihr keine wirtschaftliche Existenzgrundlage mehr bieten; sie geriet in finanzielle Not.
Nach erneutem Ausbruch der Pest in Wittenberg floh Katharina 1552 nach Torgau, wohin die Wittenberger Universität verlegt worden war. Bei einem Reiseunfall erlitt sie einen Beckenbruch, der sie für drei überaus schmerzhafte Monate ans Bett fesselte, bevor sie der Tod erlöste.

Luther in einer Tischrede über seine (in der Regel anwesende) Frau Katharina: „Ich würde meine Käthe nicht gegen Frankreich oder Venedig eintauschen. Zum ersten deshalb, weil Gott sie mir geschenkt hat und mich ihr gegeben hat. Zweitens erfahre ich oft, dass andere Frauen größere Mängel haben als meine Käthe sie hat. Obwohl sie auch schon etliche hat, hat sie dagegen doch auch zahlreiche große Qualitäten. Sie folgt nämlich der ehelichen Treue."

Ohne Katharina von Bora hätte Luther sein reformatorisches Werk kaum zum Erfolg führen können. Sie erledigte für ihn all die häuslichen Aufgaben finanzieller, wirtschaftlicher und organisatorischer Art, für die er weder Zeit noch Interesse erübrigen konnte. Doch sie verkörperte zugleich ein zum Ideal gewordenes Bild der evangelischen „Pfarrfrau", die sich in seelsorgerlichen, pädagogischen und sozialen Belangen dauerhaft und verlässlich engagierte.
Ohne Vorbereitung demonstrierten Luther und seine Frau mit ihrer Kinderschar und einem großen Hausstand, der der Gemeinde in vielfältiger Weise offenstand, das Vorbild des evangelischen Pfarrhauses, das zur Keimzelle vieler herausragender Persönlichkeiten werden sollte. Es war das Gegenbild zum zölibatär lebenden und keine familiäre Gemeinschaft bildenden Geistlichen bisheriger Art.

◀
Karikatur von Martin Luther und seiner Ehefrau Katharina von Bora, kolorierter Kupferstich in der „Geschichte Frankreichs" 1881

Sichem excudit.
TOMAS MVNCER PREDIGER ZV ALSTET IN DVRINGEN.

THOMAS MÜNTZER UND DER BAUERNKRIEG – ESKALATION GEGEN LUTHERS WILLEN

Thomas Müntzer (1489/90–1525) aus Stolberg (Harz) – einer der frühesten und zunächst leidenschaftlichsten Anhänger Luthers – kam nach Studien in Leipzig und Frankfurt (Oder) 1517 nach Wittenberg. Er hatte auf dessen Empfehlung 1519 in Jüterbog und 1520 in Zwickau eine Predigerstelle angetreten, die er jedoch bald nach aufrührerischen Reden und sich daraus ergebenden blutigen Zwischenfällen wieder aufgeben musste. Aber auch Prag, die Stadt von Jan Hus, nahm sein Eifern gegen Pfaffen, Papst und andere „gelddurstige Buben" nicht lange hin und warf ihn wieder hinaus.

Jetzt galt es für den missionarisch aufgeladenen Müntzer erst recht, sich ohne Wenn und Aber von der in seinen Augen inzwischen rückschrittlich gewordenen Theologie Luthers, von dessen Leisetreterei, Langmut und Passivität, mit einem Wort vom

Müntzer über Luther: „Hört Bruder Mastschwein, hört Gevatter Leisetritt! Hört den Stocknarr, Basilisk, Erzheiden – den tückischen Kolkraben, Schelm, das giftige Würmlein mit seiner beschissenen Demut! Hast du das Recht um deiner Suppen willen verkauft? Schlaf sanft, liebes Fleisch! Ich rieche dich lieber gebraten in deinem Trotz durch Gottes Grimm im … Topf beim Feuer … Dann, in deinem eigenen Saft gekocht, sollte dich der Teufel fressen. Du bist ein seliges Fleisch, du würdest langsam gar werden und ein zähes Gericht werden deinen Milchmäulern."

◀

Christoffel van Sichem, Thomas Müntzer Prediger zu Allstedt in Thüringen, Kupferstich 1608

*Werner Tübke, Frühbürgerliche Revolution in Deutschland,
Panoramagemälde 1983–1987. Auf monumentalen 1722 Quadratmetern entstanden in einem eigens dafür gebauten Rundbau in Bad Frankenhausen mehr als 3000 Einzelfiguren, die über den Bauernkrieg hinaus die Welt an der Schwelle zur Neuzeit in zahlreichen Szenen darstellen.*

„sanftlebenden Fleisch zu Wittenberg" zu lösen. Nicht der „Buchstabenglauben" an die Bibel allein, die nur eine Momentaufnahme der Stimme Gottes gewesen sein könne, sondern der Geist Gottes, der sich permanent in der inneren Stimme des einzelnen Menschen offenbare, weise den Weg, den das Volk gehen müsse. Von dieser Offenbarung seien vor allem die Armen erfüllt und nicht die weltliche oder geistliche Obrigkeit, die den Armen die Luft zum Atmen nehme. Deshalb sei das Schwert, das zu nehmen sich auch aus der Bibel legitimiere, unumgänglich.
Der Gegensatz zwischen Müntzer und Luther wurde unüberbrückbar: Hier der kompromisslose Revolutionär, für den Gerechtigkeit gegenüber den Entrechteten im Mittelpunkt stand; dort der Theologe, der seine Erneuerung der Kirche nicht

Müntzer in seiner Fürstenpredigt, 1524: „Ihr allerteuersten lieben Regenten, lernt euer Urteil recht aus dem Munde Gottes und lasst euch durch eure heuchlerischen Pfaffen nicht verführen und mit erdichteter Geduld und Güte aufhalten. Denn der Stein, ohne Hände vom Berg gerissen, ist groß geworden. Die armen Laien und Bauern sehen ihn viel schärfer als ihr. Ja, Gott sei gelobt, er ist so groß geworden: Wenn euch andere Herren oder Nachbarn schon um des Evangeliums willen verfolgen wollten, so würden sie von ihrem eigenen Volk vertrieben werden, das weiß ich fürwahr."

aufs Spiel setzen mochte und deshalb immer auf politische Rückendeckung und Absicherung bedacht war. Dabei war Luther von Müntzer mental gar nicht so weit entfernt, denn auch seine Leidenschaft beim Verfolgen von Zielen kannte bisweilen keine Grenzen. Nach Müntzers Hinrichtung höhnte Luther, der Tote sei ein „beschissener Prophet" gewesen.
Das sozialistische Geschichtsbild, das in Müntzer den ersten Revolutionär der deutschen Geschichte und damit zugleich die eigentlich prägende Figur unter den deutschen Reformatoren sah, ignorierte, dass Müntzer mit dem Ende der bestehenden Welt rechnete und ihn fernere Zukunftsvisionen – seien sie revolutionär oder nicht – gar nicht interessierten. Vielmehr wollte er die erwartete Herrschaft Christi (obwohl nach seiner Warnung nicht unmittelbar bevorstehend) vorbereiten, in der sich ein Gottesreich auf Erden aus freien und gleichen Menschen verwirklichen sollte.
Als Müntzer im April 1523 Pfarrer an der Johanniskirche der kursächsischen Exklave Allstedt wurde, begann er das gottesdienstliche Leben zu reformieren und warnte vor der Erwartung, die Herrschaft Christi stünde unmittelbar bevor. Noch vor Luther entwarf er eine deutschsprachige Liturgie, deren Verbreitung über seinen Tod hinaus reichte.
Seine Fürstenpredigt im Allstedter Schloss am 13. Juli 1524, in der er u.a. zum Übergang von der Reformation zur Revolution, zum Heiligen Krieg für das Evangelium aufrief, veranlasste Luther, sich gegen Gewalt zur Durchsetzung der Re-

Martin Luther, *Wider die mörderischen und räuberischen Rotten der Bauern* (Titelblatt), Wittenberg 1525

Wider die Mordischen
vnd Reubischen Rotten der
Bawren.

Psalm. vij.
Seyne tück werden jn selbs treffen/
Vnd seyn mütwill/ wirdt vber jn außgeen.
1525.
Martinus Luther. Wittemberg.

formation auszusprechen. Er drängte die Fürsten, gegen Müntzers Aufrufe einzuschreiten. Seiner drohenden Ausweisung aus Allstedt kam dieser am 7./8. August 1524 mit einer nächtlichen Flucht in die freie Reichsstadt Mühlhausen zuvor. Nach anfänglichen Erfolgen bei der Gottesdienstreform gründete er hier einen „Ewigen Bund", der sich den Umsturz der Stadtverfassung zum Ziel setzte, und wurde daraufhin am 26. September 1524 ausgewiesen. Wenige Monate später kehrte er zurück und führte den Aufstand der Bauern in Thüringen an. Gegen die Truppen des hessischen Landgrafen Philipp und des sächsischen Herzogs Georg (des „Bärtigen") unterlag Müntzer am 15. Mai 1525 in der Schlacht bei Frankenhausen, bei der ca. 6000 Bauern fielen. Nach tagelanger Folter wurde er am 27. Mai 1525 in Mühlhausen öffentlich enthauptet. Sein Haupt wurde auf einen Pfahl gespießt und als Abschreckung zur Schau gestellt.

Obwohl Luther in seinen frühen Schriften den Bauern mit den Attributen „fromm" und „rechtschaffen" Respekt gezollt hatte, und zwar im Unterschied zu manchen aus seiner Sicht unmoralischen, ungebildeten und verweltlichten Geistlichen, übte er 1525 auf dem Höhepunkt des Bauernkrieges scharfe Kritik an deren Auflehnung gegen die rechtmäßige und damit von Gott gewollte Obrigkeit. Die Bauern hätten die christliche Freiheit für weltliche Zwecke missbraucht und so dem Evangelium geschadet. Damit wurden sie zu Feinden Luthers, obwohl die ursprünglichen sozialen Forderungen beider Seiten nahe beieinander waren.

In seiner Schrift „Wider die mörderischen und räuberischen Rotten der Bauern" hetzte Luther, es gäbe „nichts Giftigeres, Schädlicheres, Teuflischeres" als die betreffenden Bauern, die „nichts als Teufelswerk" trieben; sie dienten „dem Teufel unter dem Schein des Evangeliums", darum hätten sie „wohl zehnmal den Tod verdient an Leib und Seele". Er war außer sich, dass Bauern die (nach seiner Lesart) von Gott eingesetzte weltliche Obrigkeit herausforderten. Wie konnten sie seine reformatorischen Ziele so gründlich missverstehen, ja missbrauchen? – Nach der wechselseitigen Enttäuschung und Ernüchterung stand für Luther mehr denn je fest, dass seine Reformation über die jeweiligen Landesherren, also „von oben" eingeführt, verbreitet und gefestigt werden müsse.

Entschiedenen Widerspruch zu seiner vernichtenden Einstellung gegenüber den Bauern erfuhr Luther durch Erasmus von Rotterdam. Die Protagonisten der Reformation und des Humanismus fanden nun endgültig nicht mehr zu einem gemeinsamen Weg.

Johann Walter, Niederschrift des Chorals „Ein' feste Burg ist unser Gott" nach Luthers Text, aus dem Tenor-Stimmbuch der Torgauer Kantorei 1530. Die Melodie zeichnete Walter in der aus dem Mittelalter stammenden Mensuralnotation auf, die noch bis zum Ende des 16. Jahrhunderts gebräuchlich war. Obwohl sie noch keine Taktgliederung kannte, ist der Rhythmus dank der verschiedenen Formen der Notenköpfe schon differenziert darstellbar.

DIE REFORM DER KIRCHENMUSIK UND JOHANN WALTER – TORGAU

Theologie und Musik als Teil und Mittel der Liturgie standen von je her in einem Spannungsverhältnis zueinander. Wie kann die Musik zur Vertiefung des Glaubens und zur Förderung der christlichen Verkündigung beitragen, ohne dass sie mit ihrer ästhetischen Attraktivität ein zu starkes Eigenleben entfaltet, das wiederum von der Ausübung des Glaubens abzulenken droht? – Luther beantwortete diese Frage sehr klar und zukunftsweisend.

Er pries die Musik als besondere Gabe Gottes, die dieser den Menschen als eine „heilbringende und fröhliche Kreatur" geschenkt habe. Die Konsequenzen dieser Überzeugung sind umwälzend. Zum einen bezog Luther nun die Gemeinde in die Musikausübung im Gottesdienst ein. Dafür musste ein Repertoire aus Gemeindechorälen durch Umarbeitung bestehenden Liedguts und durch Schaffung neuer Lieder bereitgestellt werden. Zum anderen nutzte er – sowohl für den Gemeindegesang als auch für den Gesang des Liturgen – die deutsche Sprache und erschloss damit der Wirkung von Musik im Gottesdienst eine neue Identifikationsmöglichkeit.

Trugen bisher Kleriker lateinische liturgische Gesangsformeln vor, so konnten nun auch die Gläubigen als Gemeinde in ihrer Muttersprache selbst singen. Dies war ein als gewaltig empfundener Schritt. Das Evangelium, wie es in der Heiligen Schrift überliefert ist, konnte so in einer neuen Weise verstanden werden. Wer durch das Evangelium ergriffen wird, dem müsse auch die Möglichkeit eröffnet werden, dies durch den Gesang kundzutun.

Demzufolge müsse die Musik zu einem der zentralen Ausbildungsinhalte an den Schulen und Universitäten werden. „Ein Schulmeister muss singen können", forderte Luther. Dies führte in Mitteldeutschland zu einer geradezu explosionsartigen Zunahme musikalischer Aktivitäten bis in kleine Dorfgemeinden hinein.

Luther in einer Tischrede über die Musik: „Wer die Musicam verachtet, wie denn alle Schwärmer tun, mit denen bin ich nicht zufrieden. Denn die Musica ist eine Gabe und Geschenke Gottes, nicht ein Menschen-Geschenk. So vertreibt sie auch den Teufel, und machet die Leute fröhlich; man vergisst dabei alles Zorns, Unkeuschheit, Hoffart, und anderer Laster. Ich gebe nach der Theologia der Musica den nächsten Platz und höchste Ehre."

Zur Rolle der Musik in der Liturgie hatte Luther eine durchaus differenzierte Meinung. So galten ihm Musikinstrumente in der Kirche anfangs als Tabu. Insbesondere die Orgel verachtete er bis in die 1520er Jahre geradezu. Luther teilte damit kurioserweise den Standpunkt der „ganz" alten Kirche in dieser Frage, denn bis ins hohe Mittelalter hinein war die Orgel als säuselnder Ausdruck teuflischer und weltlicher Verlockungen in der Kirche verboten oder zumindest verpönt. Allerdings dachte er nicht wie die Schweizer Reformatoren seiner Generation an ein striktes Verbot. Gerade der Einbau einer Orgel an exponierter Stelle in die Torgauer Schlosskapelle 1544 beweist zudem, dass sich Luthers ablehnende Haltung später gewandelt hat. Für Wittenberg freilich sollte die dortige Universität erst ein halbes Jahrhundert nach seinem Tod ein Unbedenklichkeitsgutachten für die Orgel als Instrument zur Verwendung im Gottesdienst ausstellen.
Wenn Luther die neue Bedeutung der Musik hervorhob, meinte er also nicht etwa instrumentale Musik (die als selbständiges Phänomen gehobenen Anspruchs – insbesondere für Tasteninstrumente – seinerzeit gerade erst im Entstehen begriffen war), sondern vokale, textgebundene und damit direkt für Gotteslob und Verkündigung einsetzbare Musik. Dies tat er aus einer Position musikalischer Kennerschaft, derer sich kein anderer zeitgenössischer Reformator rühmen konnte. Sein fundiertes Urteil über den großen frankoflämischen Komponisten Josquin Desprez und seine Bewunderung für den Motetten- und Liedkomponisten Ludwig Senfl belegen dies.
In der Frage nach dem Umfang von Luthers schöpferischer Leistung für den evangelischen Choral ist zwischen Textdichtungen und Kompositionsanteilen zu unterscheiden. Texte zu 36 deutschen Kirchenliedern sind aus seiner Feder nachweisbar, darunter das bekannte „Ein' feste Burg ist unser Gott", das vermutlich unter dem Eindruck der Belagerung Wiens durch die Türken 1529 entstand und als sein „politischstes" Lied gilt, das unerschütterliche Zuversicht und Kampfesmut ausstrahlt. Friedrich Engels sollte es gar als die Marseillaise des 16. Jahrhunderts bezeichnen.
Weitaus schwieriger zu bestimmen ist Luthers Anteil an der Erfindung von Choralmelodien, denn sie basierten häufig auf bereits bekannten Melodien, die für einen

▲

Lucas Cranach d. J., Schloss Hartenfels in Torgau (Ausschnitt aus: Hirschjagd des Kurfürsten Johann Friedrich), Ölgemälde 1544. Der 1536 in großen Teilen fertiggestellte Renaissancebau war zu Luthers Zeit das größte, prachtvollste und modernste Schloss Mittel- und Nordeuropas.

neuen Choraltext verändert wurden. So konnten beispielsweise zwei so unterschiedliche Choräle wie „Ein' feste Burg" und „Vom Himmel hoch, da komm ich her" in der jeweiligen Schlusszeile die gleiche Melodie erhalten. An diesem Prozess wirkte er mit und nahm somit auch auf die musikalische Gestalt der von ihm geschaffenen Kirchenlieder Einfluss.
In Johann Walter (1496–1570) fand Luther den idealen Partner, um seine Vorstellungen von der Rolle der Musik in die gottesdienstliche Praxis umzusetzen. Der

Ende 1523 legte Luther Spalatin seine Überlegungen zum Gemeindegesang dar: „Ich habe die Absicht, nach dem Beispiel der alten Väter der Kirche gereimte Psalmen für das Volk zu schaffen, also geistliche Lieder, damit das Wort Gottes auch durch Gesang unter den Leuten bleibt. Wir suchen daher überall Dichter. Da Dir aber Reichtum und Eleganz in der deutschen Sprache gegeben ist, durch vielfältigen Gebrauch verfeinert, so bitte ich Dich, mit uns an dieser Sache zu arbeiten und zu versuchen, irgendeinen Psalm in ein Lied umzuformen. Ich würde mir aber wünschen, dass neue und höfische Worte vermieden werden, damit nach dem Fassungsvermögen des Volkes möglichst einfache und gebräuchliche und dabei doch reine und angemessene Worte gesungen werden. Außerdem soll der Sinn klar sein und den Psalmen so nahe wie möglich stehen."

Innenraum der 1544 neu erbauten Schlosskapelle in Torgau. Er zeigt beispielhaft die neuen Prioritäten der Reformation. Vorn in der Mitte steht ein schlichter Tisch als Altar, an dem das Abendmahl gefeiert wird. Die Kanzel als Symbol der aufgewerteten Predigt befindet sich in der Mitte der rechten Längsempore gleichsam mitten in der Gemeinde. Die (von Luther inzwischen anerkannte) Orgel als Symbol für die Kirchenmusik bildet mit dem Altar eine zentrale Achse.

später als Urvater der protestantischen Kirchenmusik bezeichnete Musiker stammte aus Kahla und begeisterte sich bereits als Student in Leipzig ab 1517 für Luthers Ideen, bevor er 1520 als Sänger in die sächsische Hofkapelle Kurfürst Friedrichs des Weisen eintrat, die vornehmlich in Torgau (zeitweise auch in Altenburg) residierte. Nach dem Tod des Kurfürsten löste dessen Bruder Johann der Beständige sie 1526 aus Kostengründen auf. Walter, vorübergehend ohne Amt und ohne Einkommen, übernahm in den Folgejahren die Funktionen des Schulkantors der Lateinschule Torgau und des Stadtkantors, der dafür ein Ensemble aus ehemaligen Kapellsängern und Torgauer Bürgern zusammengestellt hatte. Neben den Gottesdiensten in den beiden städtischen Kirchen hatte die Torgauer Kantorei ab 1542 auch in den Hofgottesdiensten zu singen. Sie wirkte am 5. Oktober 1544 bei der Einweihung der Torgauer Schlosskapelle – des ersten protestantischen Kirchenneubaus – durch Luther mit. Aus diesem Anlass erklang Johann Walters repräsentative siebenstimmige Motette über den 119. Psalm.

Gustav Adolph Spangenberg, Luther musiziert im Kreise seiner Familie, Gemälde 1866. Luther spielt die Laute, die älteren Kinder singen dazu; im Hintergrund am Tisch greift Melanchthon nach seinem Bierseidel. Ob es bei den Luthers so geordnet und harmonisch zuging, wissen wir nicht. In jedem Fall spiegelt das Bild ein im 19. Jahrhundert verbreitetes Ideal familiärer Hausmusik.

Nach Luthers Tod und dem Übergang der sächsischen Kurwürde von den Ernestinern auf die Albertiner begründete der neue Kurfürst Moritz am 22. September 1548 die sächsische Hofkapelle als albertinische Hofkapelle neu – und zwar zunächst in Torgau, bevor sie einige Jahre später nach Dresden umzog. Wiederum war dabei Johann Walter der führende Kopf. Dieses Ensemble, das zunächst vornehmlich aus Sängern bestand, existiert bis heute als Staatskapelle Dresden.

Johann Walter prägte sowohl als Komponist als auch als praktischer Kirchenmusiker die frühe Reformationszeit. Beispielgebend komponierte er mit dem in Wittenberg 1524 in erster Auflage erschienenen „Geystlichen gesangk Buchleyn" mehrstimmige Choralsätze, bei denen der Cantus firmus – die Choralmelodie – in der Regel vom Tenor vorgetragen wurde. Später übernahm diese Funktion der Sopran. Die Vorrede sowie 24 der 37 Texte stammten von Luther. Bis 1551 erlebte dieses Gesangbuch sechs ständig veränderte und modernisierte Auflagen. Weitere evangelische Gesangbücher erschienen in Breslau, Zwickau, Rostock, Nürnberg und Straßburg. Auch bei der Erarbeitung der „Deutschen Messe", des neuen Gottesdienstablaufs in deutscher Sprache (1526), beriet Walter seinen musikalischen und theologischen Vertrauten Luther.

Luthers enges Verhältnis zur Musik schloss klare Urteile ein. So glaubte er sich z. B. von Wirtshausmusik distanzieren zu müssen: „Die bösen Fiedler und Geiger dienen dazu, dass wir sehen und hören, wie eine feine gute Kunst die Musica ist; denn Weißes kann man besser erkennen, wenn man Schwarzes dagegen hält."

ÆTATIS SVÆ · LXXVII ·
· 1 5 5 0 ·

LUCAS CRANACH – MALER DER REFORMATION

◄

Lucas Cranach d. Ä., Selbstbildnis, Gemälde 1550. Es könnte auch von Lucas Cranach d. J. stammen, der dann hier seinen Vater porträtiert.

Bilderstürmer sind nicht nur aus dem Umfeld anderer Reformatoren bekannt, sondern auch zu Beginn der 1520er Jahre in Wittenberg, als Luther noch auf der Wartburg ausharren musste. Ihnen (darunter auch seinem Doktorvater Karlstadt) trat er mit seiner Schrift „Wider die himmlischen Propheten" (1524/25) entschieden entgegen. Er meinte, Bilder seien „weder gut noch böse", und warnte davor, mit dem verbreiteten Stiften von Bildern Gott einen Dienst oder einen Gefallen tun zu wollen. Freude und Genuss an den bildenden Künsten gedachte er jedoch weder sich selbst noch den Gläubigen nehmen zu lassen. Zudem erkannte er, dass sein reformatorisches Werk nicht nur durch Schriften und Predigten Verbreitung finden konnte, sondern auch durch die Kraft der Bilder – sei es mit Porträts führender Repräsentanten der Reformation, mit Altarbildern, die die neuen evangelischen Ideen aufnahmen, oder mit sarkastischen und karikierenden Darstellungen des römischen Papsttums. Dafür einen geeigneten Künstler zu finden bedurfte es für Luther keiner besonderen Mühen.

Lucas Cranach d. Ä. (1472–1553) hatte sich in Wien als Maler von Porträts und Heiligenlegenden und als Zeichner von Holzschnitten bereits einen Namen gemacht. Der sächsische Kurfürst Friedrich der Weise berief ihn 1504 zum Hofmaler (in dieser Funktion blieb er auch unter den Nachfolgern Johann dem Beständigen und Johann Friedrich dem Großmütigen). Seine schnell wachsende Werkstatt richtete er in Wittenberg ein. Etwa ab 1530 gehörten ihr auch die Söhne Hans (um 1512–1537) und Lucas Cranach d. J. (1515–1586) an. Darüber hinaus hatte Cranach noch drei jüngere Töchter.

▲
Lucas Cranach d. Ä., Fürstenaltar in der Anhaltischen Landesgalerie Dessau, um 1510. Mit der Darstellung der fürstlichen Brüder Friedrich der Weise und Johann der Beständige in ewiger Anbetung vertritt das Werk einen Typus von Altären, von dem mehrere Exemplare hergestellt worden sein müssen, die für Kapellen in den kursächsischen Schlössern bestimmt waren.

Nach der Rückkehr aus einem vom Kurfürsten initiierten Aufenthalt in den Niederlanden 1508, den Cranach auch zu Studien der dortigen und der dort vertretenen italienischen Malerei nutzte, begann seine lebenslange Freundschaft mit Luther. Cranach gehörte zu den Trauzeugen der Eheleute Luther, war Taufpate von Luthers ältestem Sohn Johannes; umgekehrt war Luther Taufpate der Cranach-Tochter Anna. Bis zu Luthers Tod verfügte Cranach mit seiner Werkstatt über das Exklusivrecht, ihn zu porträtieren.

Schon als Zweiunddreißigjähriger, als er nach Wittenberg kam, galt Lucas Cranach d. Ä. als herausragender Maler seiner Zeit (gemeinsam mit Albrecht Dürer). Er entfaltete eine damals unvergleichlich hohe unternehmerische Energie und Produktivität und wurde zum wirtschaftlich vielleicht erfolgreichsten deutschen Maler aller Zeiten.

Seine bis zu etwa 15 Gehilfen umfassende Werkstatt organisierte er wie eine Manufaktur so, dass zum ersten Mal große Aufträge (darunter auch viele von außerhalb Kursachsens) effizient und verlässlich erfüllt werden konnten. Wenn Dutzende oder gar Hunderte gleichartiger Porträts in Auftrag gegeben wurden, z. B. von Kurfürst Friedrich dem Weisen, Johann dem Beständigen oder von Luther selbst, dann konnte und sollte nicht immer wieder ein unverwechselbares neues Kunstwerk entworfen werden. Und bei Porträts, die nach Jahren zu aktualisieren waren, reichte es gegebenenfalls, nur bestimmte Details wie Haarfarbe oder Gesichtsfülle gegenüber der alten Vorlage anzupassen. Im Verlaufe von 25 Jahren schuf Cranach

Lucas Cranach d. Ä., Hochaltar in der St. Johanniskirche Neustadt/Orla, 1510–1513. Als einziges archivalisch für Cranach d. Ä. gesichertes Retabel außerhalb der höfischen Sphäre ist der Hochaltar von Neustadt/Orla das Schlüsselwerk für die Altarproduktion des Unternehmers Cranach.

beispielsweise sieben verschiedene Vorlagen für Luther-Porträts, auf deren Grundlage seine Werkstatt viele hundert Exemplare produzierte. Der nichtadlige Luther wurde damit zur meistporträtierten Person seiner Zeit.

Für wiederkehrende Gemäldemotive (z. B. bestimmte Landschaftsabschnitte, Pflanzen oder Tiere) verwendete Cranach häufig Vorlagen und Versatzstücke als eine Art Kopierhilfe. Sprichwörtlich bekannt war bei den Zeitgenossen seine zügige Arbeitsweise (auf seinem Grabstein ist vom „pictor celerrimus", vom „schnellsten Maler", die Rede). Tatsächlich wird der „Ausstoß" seiner Wittenberger Werkstatt auf etwa 5000 Werke geschätzt. Etwa 20 Prozent davon sind erhalten und heute weltweit verstreut. Die meisten tragen als Signet eine zunächst mit Fledermausflügeln und ab 1537 mit Vogelflügeln ausgestattete Schlange – eines der ältesten Warenzeichen der Welt. Es ging auf einen Wappenbrief Friedrichs des Weisen für seinen hochgeschätzten Hofmaler aus dem Jahre 1508 zurück.

Cranachs bleibender Ruhm stützt sich freilich nicht auf die Quantität, sondern auf die Qualität seiner Gemälde und Zeichnungen (diese dienten als Vorlage für Holzschnitte und Kupferstiche), darunter neben Porträts berühmte Altargemälde mit mythologischen und biblischen Szenen in Wittenberg, Weimar und anderen mitteldeutschen Stadtkirchen, Genrebilder und (allegorische) weibliche Akte von auffallend erotischer Ausstrahlung oder die Holzschnitte zur Illustration der ersten deutschen Ausgabe des Neuen Testaments durch Luther 1522. Vor seiner Berufung zum kursächsischen Hofmaler 1504 fiel Cranachs Maltechnik mit leuchtenden Farben und einer besonders expressiven Linienführung auf; er gilt für diese Zeit als Vertreter der „Donauschule". Später wandte er sich einer genaueren Zeichnung zu und zeigte auch manieristische Tendenzen. Angesichts der zunehmenden Größe seiner Werkstatt und Verzahnung der Malanteile ihrer Angehörigen im einzelnen Gemälde wird für die letzten anderthalb Jahrzehnte seines Lebens der tatsächliche individuelle Anteil Lucas Cranachs d. Ä. an seinen Kunstwerken immer schwerer identifizierbar.

◀ *Lucas Cranach d. Ä., Der Sterbende, Epitaph des Heinrich Schmidtburg, Ölgemälde auf Holz 1518. Die hervorragende religionspädagogische Bildmontage thematisiert auf Basis der Papstkirche (also noch vor Luthers Rechtfertigungslehre) die Kunst des Sterbens (Ars moriendi), mit der man der ewigen Verdammnis entrinnen und die himmlische Seligkeit erlangen sollte. Das untere Bilddrittel zeigt die irdischen Attribute des Todes: links der Notar, der das Testament schreibt; rechts der Arzt, der das Uringlas hochhält; zu Füßen die wehklagende Ehefrau des Sterbenden und seine bereits in den Truhen wühlenden künftigen Erben. Der Priester direkt am Sterbebett hält das Kruzifix, das die Ungeheuer der Hölle (im Höllenrachen wartet schon der Teufel), des Lasters und des schlechten Gewissens bannen soll. Diese monströsen Gestalten (rechts) werfen der aufschwebenden Seele (Mitte, in kniender Haltung) die Sünden der drei Lebensabschnitte vor (auf den vorgezeigten Zetteln steht Jugend, Mannesalter bzw. letzte Jahre). Ein schwebender Engel (links) hält der Seele die „opera bona", die guten Werke, entgegen. Seligkeit wird durch die im mittleren Bilddrittel dargestellte Trinität verheißen: Gott Vater, Sohn und Heiliger Geist sind umgeben von einer Gloriole und werden von Maria, Johannes und den Engeln angebetet. Im oberen Bilddrittel erscheint Maria als Sinnbild der Kirche, nun ihrerseits angebetet von den Hinterbliebenen des Sterbenden.*

Neben der Malerei widmete sich Cranach auch der (damals noch nicht so bezeichneten) angewandten Kunst und entwarf Kleidung, Möbel, Dekorationen und Ausstattungsgegenstände für Schlösser.

Eine wichtige geschäftliche Grundlage seiner vielfältigen Aktivitäten bildete die Apotheke, für die er 1520 das einschlägige Privileg in Wittenberg erhielt. Cranach handelte mit Chemikalien, Farben, Ölen und Tinten und wusste aus Erfahrung, welche chemischen, optischen und haptischen Wirkungen Farben entfalten konnten. Außerdem verfügte er über das Weinausschankprivileg und belieferte insbesondere den kursächsischen Hof mit hochwertigen Weinen, die er u. a. aus süddeutschen Anbaugebieten bezog. Er war an einer Druckerei beteiligt und betrieb einen Buchhandel. Cranach galt als fünftreichster Bürger Wittenbergs. Als erfolgreichste seiner

Cranach-Werkstatt, Reformationsaltar der Stadtkirche Wittenberg, 1547. Das letzte Abendmahl Jesu umgeben von Taufe (links), Buße (rechts) und Predigt (Predella unten) durch die Reformatoren Melanchthon, Bugenhagen und Luther. Die Predigt-Predella zeigt Christus im Zentrum, gleichberechtigt umgeben vom Prediger (Luther auf der Kanzel) und der Gemeinde (darunter Lucas Cranach d. Ä. mit langem Bart, unter ihm Luthers Frau Katharina und ihr Sohn Johannes).

unternehmerischen Tätigkeiten erwiesen sich geschickte Grundstücksspekulationen. Aus Steuerunterlagen geht hervor, dass er 1528 der größte private Grundbesitzer der Stadt war.

Angesichts der exponierten Stellung Cranachs in Wittenberg fielen ihm städtische Ämter wie selbstverständlich zu. Zwischen 1519 und 1535 bekleidete er viermal das Amt des Ratskämmerers, zwischen 1537 und 1544 war er dreimal Bürgermeister und damit zugleich waffenberechtigter oberster Gerichtsherr der Stadt.

Auf Bitten seines Dienstherrn, des Kurfürsten Johann Friedrich des Großmütigen, folgte Cranach diesem 1550 nach Augsburg in den Ort seiner Haft, die ihm nach der Niederlage in der Schlacht von Mühlberg 1547 gegen Kaiser Karl V. aufgezwungen worden war. Nach der Freilassung des Kurfürsten 1552 ging Cranach mit ihm in dessen neue Residenz nach Weimar (hier wohnte er im Hause seines Schwiegersohnes), wo ihm noch ein Jahr Lebenszeit vergönnt war. Die Leitung seiner Wittenberger Werkstatt hatte bereits 1550 sein Sohn Lucas Cranach d. J. übernommen.

▲

Georg Rothbart, Luther-Gedenkzimmer auf der Veste Coburg, Aquarell 1845. Im Vergleich zum Aufenthalt auf der Wartburg neun Jahre zuvor war Luthers Aufenthalt in Coburg komfortabler.

REICHSTAG IN AUGSBURG – LUTHER IN COBURG

Wie war es möglich, dass sich Luther nach dem Wormser Edikt 1521 und seiner vergleichsweise kurzen Aufenthaltes auf der Wartburg in den Folgejahren im Grunde frei bewegen und dabei seine Reformation systematisch und beharrlich durchsetzen konnte? – Kaiser Karl V. hatte sich um zahlreiche politische Konfliktherde zu kümmern, so dass seiner Aufmerksamkeit der kleine Mönch aus dem randständigen fernen Wittenberg mit dessen aufsässigen und vermeintlich absurden Forderungen (die nicht nur von Papst Leo X. als „Mönchsgezänk" abgetan wurden) weitgehend entglitten war. Schon gar nicht erkannte er die politische Brisanz von Luthers Reformation.
So wies Karl V. seinen Bruder Ferdinand (1503–1564; er ist 1556 als Ferdinand I. dessen Nachfolger geworden) an, auf dem ersten Reichstag zu Speyer 1526, den er nicht selbst leiten konnte, das Wormser Edikt aufzuweichen. Dessen Durchführung sollte – so beschloss es der Reichstag – den Ständen selbst überlassen bleiben („Reichsabschied"), „wie ein jeder solches gegen Gott und kaiserliche Majestät hoffet und vertraut zu verantworten". Als allerdings auf dem zweiten Reichstag zu Speyer 1529 die Maßnahmen des Edikts gegen Luther in voller Schärfe reaktiviert wurden, protestierten fünf Reichsfürsten und Vertreter von 14 Reichsstädten dagegen. Angeführt von Kursachsen, nutzten sie das offizielle Verfahren der Protestation und relativierten ihren bis dahin bedingungslosen Gehorsam gegen Kaiser und Reich. Er sollte fortan nicht mehr unwidersprochen für alle gelten dürfen, wenn es um Glaubensfragen ging. Mit dieser klaren Botschaft verließen die ersten „Protestanten" – so nannten sie sich fortan – den Reichstag.

Albrecht Dürer, *Die vier Apostel*, Gemälde (Diptychon) 1526, Geschenk an den Rat der zwischen Coburg und Augsburg gelegenen bedeutenden Reichsstadt Nürnberg, die früh zu einer Hochburg von Luthers Reformation außerhalb Kursachsens wurde. Dargestellt werden drei Apostel und ein Evangelist, die an ihren jeweiligen Attributen zu erkennen und den vier Temperamenten zugeordnet sind (von links): der Apostel und Evangelist Johannes mit offenem Buch als Sanguiniker, der Apostel Petrus mit Schlüssel als Phlegmatiker, der Evangelist Markus mit Schriftrolle als Choleriker und der Apostel Paulus mit Schwert und geschlossenem Buch als Melancholiker. Die unten angebrachten unscheinbaren Inschriften (hier nicht sichtbar) mahnen die „weltlichen Regenten", das reine Bibelwort zu achten und sich vor „falschen Propheten" zu hüten.

Als der inzwischen nach Deutschland zurückgekehrte Kaiser den Reichstag für Sommer 1530 nach Augsburg einberief, war er entschlossen, das Problem „Luther und die sich ausbreitende Reformation" endgültig vom Tisch zu bekommen. Selbstverständlich konnte der Urheber der Probleme, über den noch immer die Reichsacht verhängt war, nicht teilnehmen. Seine Rolle mussten nun Wittenberger Theologen übernehmen, die im Gefolge von Kurfürst Johann dem Beständigen (1468–1532), der 1525 die Nachfolge des im selben Jahr verstorbenen Kurfürsten Friedrich der Weise angetreten hatte, anreisten. Luther selbst nahm für die Dauer des Reichstags in der Augsburg geografisch am nächsten gelegenen kursächsischen Stadt Quartier,

Lucas Cranach d. Ä.,
Luther mit Barett, 1528

in Coburg. Das bot ihm die Möglichkeit, relativ kurzfristig über Boten Nachrichten von den Verhandlungen in Augsburg zu empfangen bzw. selbst mit Briefen und Anweisungen einzugreifen.
Am 15. April 1530 traf Luther in Coburg ein; am 24. April bezog er die Veste oberhalb der Stadt – sicherheitshalber incognito. Häufig unterschrieb er Briefe mit „ex eremo" (aus der Wüste); oder er verschleierte den Namen der Stadt durch Umkehrung zu „Gruboc". Gemeinsam mit der kurfürstlichen Delegation, die auf der Heimreise aus Augsburg war, verließ er am 4. Oktober 1530 Coburg und kehrte nach Wittenberg zurück.

Die Veste Coburg, in der Luther fast ein halbes Jahr ausharrte und zahlreiche Bibelkommentare, Predigten, Streitschriften und Briefe verfasste

Philipp Melanchthon ist die endgültige Fassung der zentralen evangelischen Bekenntnisschrift, der „Confessio Augustana" (Augsburgisches Bekenntnis), zu verdanken. Sie wurde am 25. Juni 1530 auf dem Reichstag verlesen. Mit ihr bekannten sich die lutherischen Reichsstände zu ihrem Glauben und wiesen zugleich die kaiserliche und päpstliche Ablehnung der Lehre Luthers zurück: „Der evangelische Glaube kommt aus der Schrift und aus der Lehre der Alten Kirche. Er ist keine Ketzerei." Bis heute ist sie das wichtigste Grundsatzpapier des Luthertums.

Luther lobte von Coburg aus den fertigen Entwurf der Confessio Augustana und gestand zugleich, er hätte den Text nicht so diplomatisch („sanft und leise treten") wie Melanchthon ausarbeiten können. Melanchthon hatte in dem Text jede Schärfe vermieden, die den Kaiser zusätzlich hätte provozieren können, und suchte einen Weg des Ausgleichs. Er nahm gelegentliche, z. T. erhebliche Spannungen mit dem sonst eher konfliktbereiten, auf kompromisslose Klarheit bedachten Luther in Kauf. Dank der letztlich erreichten Stringenz und Konsequenz des Bekenntnistextes konnten die evangelischen Fürsten des Reichs geschlossen erhobenen Hauptes den Reichstag verlassen, obwohl am 3. August 1530 eine vom Kaiser schon vorab veranlasste Widerlegung durch Johannes Eck („Confutatio Augustana") verlesen worden war. Kaiser Karl V. bestätigte trotz allem das Wormser Edikt mit der Androhung des Todes gegen Luther.

Es sollte noch ein Vierteljahrhundert dauern, bis der Protestantismus mit dem Augsburger Religionsfrieden 1555 auch seine politische Anerkennung fand. Hier wurde das Verhältnis der Konfessionen im Reich erstmals auf grundsätzlich gleichberechtigter Basis geregelt. An das Augsburger Hohe Friedensfest erinnert bis heute alljährlich am 8. August der einzige gesetzliche Feiertag in Deutschland, der nur in einer Stadt gilt.

▲

Georg Coler, Überreichung der Augsburgischen Konfession an Kaiser Karl V., kolorierter Kupferstich um 1650 (nach einer Zeichnung von Michael Herr)

PHILIPP MELANCHTHON – DER STRATEGE DER REFORMATION UND DAS AUGSBURGISCHE BEKENNTNIS

◀
Friedrich Drake, Melanchthon-Denkmal auf dem Marktplatz Wittenberg, Skulptur 1865 (Baldachin von Johann Heinrich Strack). In der rechten Hand hält Melanchthon die Schriftrolle des Augsburgischen Bekenntnisses.

Der Mann im Hintergrund, der Strippenzieher, der Organisator, der „Chef der Staatskanzlei", aber auch der Außenminister, Chefpädagoge und intellektuelle Kopf – all diese Attribute sind geeignet, die Rolle Philipp Melanchthons für Luthers Reformation zu charakterisieren. Schon etwa hundert Jahre nach seiner Geburt galt er als Praeceptor Germaniae, als Lehrer Deutschlands. Doch er reformierte nicht nur das Bildungswesen seines Heimatlandes, sondern wirkte damit auch auf weite Teile Europas nachhaltig ein. Es dürfte keine historische Figur seiner Zeit geben, die die europäische Geistesgeschichte so weitblickend beeinflusst hat und die – gemessen daran – im heutigen Bewusstsein ein solches Schattendasein fristet wie Melanchthon, dessen Name im Grunde nur im Zusammenhang mit Luther auftaucht. Und dabei liegen uns genügend Zeugnisse seines Wirkens vor, darunter viele Briefe an Dritte, in denen er seine Gedankenwelt ausbreitet.

Philipp Melanchthon (1497–1560) stammt aus Bretten (heute Baden, damals Pfalz). Der Vater Georg Schwartzerdt, ein von Kurfürst Philipp dem Aufrichtigen von der Pfalz geförderter und geachteter Militärtechniker, der sich auf die Herstellung von Gefechtswaffen, Rüstungen und Kanonen verstand, starb nach langem Siechtum (vermutlich als Folge seines Umgangs mit giftigen Chemikalien), als der Sohn elf Jahre alt war. Philipp kam an die Lateinschule im benachbarten Pforzheim. Zu seinen Lehrern gehörte hier der bedeutende humanistische Gelehrte Johannes Reuchlin. Dieser gab seinem Großneffen 1509 den Gelehrtennamen Melanchthon, indem er dessen eigentlichen Namen Schwartzerdt (schwarze Erde) ins Griechische übersetzte (Melanchthon benutzte später allerdings die vereinfachte Namensform „Melan-

Albrecht Dürer, Philipp Melanchthon, Kupferstich 1526

thon"). Und er empfahl ihn als Griechisch-Lehrer dem sächsischen Kurfürsten, der Reuchlin, den er sehr schätzte (und gern selbst an führender Stelle in Wittenberg gesehen hätte), um Vorschläge für geeignetes Personal zum Aufbau des neuen Pädagogiums in Wittenberg gebeten hatte.

Melanchthon stellte sich dem Kurfürsten im August 1518 auf dem Augsburger Reichstag vor und hielt noch im selben Monat seine Antrittsvorlesung in Wittenberg, von der sich Luther stark beeindruckt zeigte. Denn bereits hier plädierte Melanchthon im Geiste eines von Luther und seinen Universitätskollegen erarbeiteten Konzepts für eine tiefgreifende Reform der Studienziele und Studieninhalte der jungen Universität. Grundlage bildete für ihn die ausreichende Kenntnis der lateinischen, der hebräischen und der griechischen Sprache. Darauf hatten die Beherrschung der Dialektik und der Rhetorik – jeweils in ihrer praktischen Anwendung – sowie eine detaillierte Vorstellung von Geschichte aufzubauen. Akademische Bildung sollte das Studium

Werkstatt des Lucas Cranach d. Ä., Philipp Melanchthon, Gemälde 1543

nicht als Selbstzweck, sondern als Instrument auf dem Weg zur Erlangung höherer Erkenntnis verstehen: „Und wenn wir unseren forschenden Geist ganz auf die Quellen gerichtet haben, werden wir anfangen, Christus zu begreifen, sein Auftrag wird uns klar werden, und wir werden von jener beglückenden Süße göttlicher Weisheit ganz erfüllt werden."

Mit diesen Zielen schuf Melanchthon zugleich das Ideal des humanistischen Gymnasiums, das über Jahrhunderte die Bildungslandschaft Deutschlands prägen sollte und bald auch in anderen Ländern Anerkennung fand.

Für die Nähe zwischen Luther und Melanchthon reicht der Begriff Freundschaft allein nicht aus. Der „wunderbare Mensch Melanchthon" – so Luther – blieb wie dieser „ein mächtiger Feind des Teufels und der scholastischen Philosophie". Doch da, wo Luther zu sehr auf praktische Konsequenzen fixiert war oder zu cholerisch agierte, ergänzte Melanchthon das wissenschaftlich-theologische Fundament. Er

„Thesentür" der Schlosskirche Allerheiligen in Wittenberg. Das Bild über der Tür mit den Schrifttafeln der 95 Thesen zeigt Luther und Melanchthon kniend am Kreuz Christi.

drängte Luther dazu, dessen erzwungenen Aufenthalt auf der Wartburg ab 1521 zur Übersetzung des Neuen Testaments zu nutzen. Und während Melanchthon unter Luthers Abwesenheit von Wittenberg litt, hielt er dort die Fäden der reformatorischen Entwicklung und der wissenschaftlichen Disputation zwischen Luther und den Wittenberger Kollegen zusammen.

Melanchthon hat von einigen Anhängern Luthers seit Beginn der 1520er Jahre immer wieder Kritik an seinen Haltungen und Entscheidungen hinnehmen müssen. Zwar wirkte er im Sinne Luthers, doch bewahrte er sich seinen eigenen Kopf und damit auch ein Stück Unabhängigkeit. Dies stieß bei strengen Luther-Anhängern zuweilen auf Ablehnung, während der Reformator selbst sehr wohl damit umzugehen wusste.

Die Gegensätze zwischen beiden – hier der ausgleichende, in Verhandlungen geduldig auslotende Melanchthon, dort der bisweilen zu heißblütiger Rechthaberei neigende Luther – waren freilich nicht zu übersehen und hätten mehrmals zu schweren Zerwürfnissen führen können, hätten sie nicht auf dem Boden eines über Jahre gewachsenen tiefen Vertrauensverhältnisses gestanden.

Eine der schwersten Belastungsproben dieser Art durchlitt Melanchthon, als er im Juni 1530 die zuvor selbst ausgearbeitete „Confessio Augustana", das Augsburger Bekenntnis, auf dem dortigen Reichstag im Namen der evangelischen Stände vorlegte und verteidigte. Luther harrte auf der auf halbem Wege von Wittenberg gelegenen Veste Coburg aus, und gab in einem regen Briefwechsel Anweisungen, die nicht immer klar und hilfreich für Melanchthon waren. Letztlich aber gelang es diesem, dass das Augsburger Bekenntnis zu einem überregional orientierenden Dokument wurde.

Ins Zentrum rückt Melanchthon die Rechtfertigungslehre Luthers mit ihren Prinzipien des sola fide (allein durch den Glauben), sola gratia (allein durch die Gnade) und sola scriptura (allein durch die Schrift). Die Artikel 1 bis 21 handeln vom evangelischen Glauben und dessen Lehre, die aus der Heiligen Schrift abgeleitet werden. In den Artikeln 22 bis 28 werden die Missstände der katholischen Kirche angeprangert. Doch damit erwies sich die Idee eines friedlichen, gegenseitigen nachbarschaftlichen Duldens zwischen Luthers Reformation und der römischen Seite, die das Papier umgehend mit einer „Confutatio" zu widerlegen versuchte, als illusionär.

Gerade Melanchthons Glaube als Humanist an das grundsätzlich Gute im Menschen stand zeitlebens quer zu Luthers Überzeugung, dass der prinzipiell „verdorbene" Mensch nur durch Gottes Gnade gerettet werden könne. Unmittelbar nach Luthers Tod sollte dieser Gegensatz zwischen dessen Anhängern und Melanchthon ungezügelt ausbrechen.

Melanchthon arbeitete das evangelische Kirchenrecht aus und regelte damit weit über die Zeit Luthers hinaus das Verhältnis zwischen den Fürsten und den evangelischen Landeskirchen – unter Wahrung ihrer jeweiligen legitimen Interessen.

Nach Luthers Tod 1546 überlieferte Melanchthon in einer Vorrede zu einer Ausgabe von Luthers Schriften, dass dieser seine 95 Thesen nicht nur durch Briefe verbreitet, sondern auch am 31. Oktober 1517 an die Tür der Wittenberger Schlosskirche angeschlagen habe. Zu diesem bildkräftigen und symbolträchtigen Ereignis hatte sich Luther selbst jedoch nie bekannt.

DER SCHMALKALDISCHE BUND

◄
Die Wilhelmsburg in Schmalkalden. Hier wurde 1531 der Schmalkaldische Bund gegründet.

Zwar war die „Confessio Augustana" 1530 in der Hoffnung auf einen versöhnlichen Ausgleich mit dem katholischen Reichsoberhaupt abgefasst worden, doch wurde sie von katholischer Seite klar zurückgewiesen. Der Bruch war endgültig vollzogen; einer reformierten Einheitskirche war nun der Weg versperrt. Die evangelischen Fürsten fürchteten mit der Reichsexekution wegen Landfriedensbruchs eine gewaltsame Auseinandersetzung mit Kaiser Karl V., zumindest aber gegen sie gerichtete Kammergerichtsprozesse mit ungewissem Ausgang.
Auf Einladung und unter Leitung von Kurfürst Johann dem Beständigen von Sachsen schlossen angesichts dieser Gefahr Landgraf Philipp von Hessen, Herzog Philipp von Braunschweig-Grubenhagen, Herzog Ernst von Braunschweig-Lüneburg, die Grafen von Anhalt-Bernburg und Mansfeld sowie drei nieder- und acht oberdeutsche Reichsstädte (darunter Bremen, Magdeburg, Straßburg, Ulm und Konstanz) am 27. Februar 1531 in der hessischen Nebenresidenz Schmalkalden ein hoch organisiertes Bündnis. Nach über zwei Monaten Verhandlungen gab es damit eine Art Verfassung, Mitgliedsbeiträge und Vorkehrungen für gemeinsame militärische Schutzmaßnahmen. Für den Vatikan galt fortan der Begriff der „Schmalkalder" als Schimpfwort der schlimmsten Art.
Obwohl die oberdeutschen Reichsstädte das Augsburger Bekenntnis nicht angenommen hatten, weil sie sich eher durch Zwingli vertreten fühlten, schlossen sie sich dem in Schmalkalden geschmiedeten Defensivbündnis an. In den Folgejahren traten Württemberg und Pommern, Augsburg und weitere Städte dem Bund bei.

Hans Krell, Landgraf Philipp von Hessen, Gemälde um 1534

Aber auch außerhalb des Heiligen Römischen Reiches und damit außerhalb des Schmalkaldischen Bundes war die Reformation dank des Einflusses von Luther und seinen Wittenberger Mitstreitern frühzeitig eingeführt worden, so in Riga (1522) und im restlichen Baltikum (1525), in Finnland (1522), Danzig (1523), im Herzogtum Preußen (große Teile des späteren Ostpreußens; 1525), in Schweden (1527), Norwegen (1536), Dänemark (1537) und Island (1542). Es waren durchweg Regionen mit einer im Vergleich zum deutschen Kerngebiet des Heiligen Römischen Reiches noch größeren geografischen Entfernung zu Rom. In anderen Ländern wurden zwar schon sehr früh Luthers Schriften bekannt; doch vermochten sich dort lutherische Gemeinden erst Jahrzehnte später zu etablieren (z. B. Ungarn, Slowakei oder Siebenbürgen).

Lucas Cranach d. Ä., Bildnis des Kurfürsten Johann des Beständigen mit Nelkenkranz, Öl auf Lindenholz 1526

Die bedeutendste Tagung des Schmalkaldischen Bundes fand ab 10. Februar 1537 statt. Bis heute werden weltweit evangelische Pfarrer auf die dabei beschlossenen „Schmalkaldischen Artikel" ordiniert. Unter Luthers Aufsicht wurden diese in einem Gremium von 18 Fürsten, Vertretern von 28 Städten und 42 prominenten Theologen erarbeitet. Großen Wert legte der Reformator darauf, dass seine theologischen Lehrmeinungen ohne Kompromisse (weder innerhalb des Bundes noch nach außen) für die Zukunft verbindlich festgeschrieben wurden. Dass Luther selbst sich kaum an der Ausarbeitung beteiligen konnte, hatte einen profanen Grund. Er litt unter schweren Koliken, die auf Nieren- oder Blasensteine zurückgingen. Den Tod vor Augen, trat er am 26. Februar 1537 in einem komfortablen Wagen des sächsischen Kurfürsten die Heimreise an. Auf dem holprigen Weg wurde er allerdings dabei so durchgeschüttelt,

Tizian, Kaiser Karl V. nach der Schlacht bei Mühlberg, Gemälde 1548

dass bald nach Überquerung des Kamms des Thüringer Waldes bei Tambach (heute Tambach-Dietharz) die Steine von selbst abgingen. Luther schien wie durch ein Wunder gerettet. Trotzdem diktierte er noch in Gotha ein theologisches Vermächtnis.

Bereits nach wenigen Jahren traten immer deutlicher Interessenunterschiede innerhalb des Schmalkaldischen Bundes mit seiner beträchtlichen Mitgliederzahl zutage. Der sächsische Kurfürst suchte den ursprünglichen Defensivcharakter zugunsten einer offensiv gegen Habsburg gerichteten Haltung zu überwinden. Dies wollten die „kleineren" Monarchen nicht mittragen. Auch sahen sich die Reformierten aus dem Süden von den Lutheranern zunehmend an den Rand gedrängt.

Als besonders prekär erwies sich ein Problem, das der in Schmalkalden gastgebende hessische Landgraf Philipp (der „Großmütige") seinen Mitstreitern auftischte. Nach sechzehnjähriger Ehe mit seiner Frau Christine von Sachsen, die ihm sieben Kinder geboren hatte, verliebte er sich in die siebzehnjährige Margarethe von der Saale.

Matthäus Merian d. Ä., Die Schlacht bei Mühlberg 1547, Kupferstich um 1630. Die von Westen her vordrängenden kaiserlichen Truppen überqueren die Elbe an einer Furt mit ihren Pferden und nehmen die Kleinstadt Mühlberg mit den Schmalkaldischen Truppen unter Johann Friedrich dem Großmütigen von Sachsen ein.

Seine bestehende Ehe wollte er dafür nicht aufgeben. Er beantragte bei Luther die Genehmigung einer Doppelehe und verlieh dem Nachdruck unter Hinweis auf den Grafen von Gleichen im 13. Jahrhundert, dessen Bigamie seinerzeit vom Papst genehmigt worden sei.

Zähneknirschend genehmigten Luther und Melanchthon die Trauung, die am 4. März 1540 im Einvernehmen mit Philipps erster Frau stattfand, denn der hessische Landgraf war im Schmalkaldischen Bund und damit für die Machtbasis und Stabilität der Reformation unverzichtbar. Gleichwohl waren sich die Reformatoren darüber im Klaren, dass Bigamie weder mit dem Recht der alten Kirche noch mit dem der Reformation vereinbar war. Nach kaiserlichem Recht, das Philipp selbst erst einige Jahre zuvor in Hessen eingeführt hatte, stand auf Bigamie sogar die Todesstrafe. Nachdem der Vorgang öffentlich bekannt geworden war, stürzte Philipp, dessen zweite Frau ihm noch einmal neun Kinder schenken sollte, die Reformation tatsächlich in eine schwere Glaubwürdigkeitskrise. Als auch noch bekannt wurde, dass Philipp zum Dank für die Ausnahmegenehmigung Luther mit einem großen Fass Rheinwein bedacht hatte, erntete dieser bei seinen Gegnern Hohn und Spott.

Mit dem Schmalkaldischen Krieg 1546/47 und dessen Entscheidungskampf, der Schlacht bei Mühlberg am 24. April 1547, ging der Schmalkaldische Bund zugrunde. Kurfürst Johann Friedrich der Großmütige vermochte mit seinem Heer nicht der Übermacht der kaiserlichen Truppen (die sich auf die Kapitalkraft der Fugger stützen konnten) standzuhalten und war gezwungen zu kapitulieren. Diesen schweren Rückschlag für den Protestantismus musste Luther nicht mehr erleben; er war im Vorjahr gestorben.

IHΣ

HULDRYCH ZWINGLI UND JOHANNES CALVIN – REFORMATOREN IN DER SCHWEIZ

◄

Mittelgruppe des Reformationsdenkmals in Genf mit Guillaume Farel, Johannes Calvin, Theodor Beza und John Knox (von links). Auf einer Länge von etwa hundert Metern sind in eine Wand die Skulpturen von zehn Persönlichkeiten eingearbeitet, die in der Geschichte der reformierten Kirche herausragende Bedeutung erlangten. Hinzu kommen Bild- und Schriftreliefs über bestimmte historische Ereignisse. Über den sechs kleineren Figuren und neben den vier Hauptfiguren (in Höhe der Oberkörper) ist der Leitspruch der Reformierten „POST TENEBRAS LUX" („Nach der Dunkelheit Licht") eingraviert (nicht im Bildausschnitt). Das Denkmal entstand von 1909 bis 1917 (Skulpturen von Paul Landowski und Henri Louis Bouchard). Seine Gestaltung beruft sich auf wesentliche Grundsätze wie Kargheit, Schlichtheit, Schmucklosigkeit, die für die Ausstattung reformierter Kirchen galten. Die enorme räumliche Ausdehnung des Denkmals verweist auf die weltweite Ausbreitung des Calvinismus.

Die Reformbedürftigkeit der Papstkirche löste im ersten Drittel des 16. Jahrhunderts in verschiedenen Regionen Bestrebungen zur Veränderung aus. Am folgenschwersten waren zweifellos diejenigen aus Luthers Wittenberg. Doch auch die Schweiz wurde zu einem Zentrum der Reformation – mit anderen Ausgangspunkten und anderen Akzenten, gleichwohl mit ebenso langfristigen Konsequenzen.
Hatte sich der Reformimpuls Martin Luthers für die Kirche an der Ablasspraxis entzündet, so kam sein Schweizer Generationsgenosse Huldrych Zwingli (1484–1531) zu der Erkenntnis, nicht nur den römischen Klerus, sondern das Christentum an sich läutern zu müssen. Der Theologe lernte nach Studien in Wien und Basel während seiner ersten Pfarramtsstation in Glarus 1515 Erasmus von Rotterdam kennen, dessen rational abwägende Urteilsweise ihn für seine späteren reformatorischen Anstrengungen prägen sollte. Einige Jahre bekleidete Zwingli das Amt des Leutpriesters in Maria Einsiedeln, bevor er 1519 an das Großmünster in Zürich wechselte. Sein Versuch, den Protestantismus über Zürich, Bern und einige andere Regionen hinaus in der gesamten Schweiz durchzusetzen, führte zum Krieg. Er selbst fiel 1531 im zweiten Kappeler Krieg.
Mehrere parallele Ereignisse und Entwicklungen ließen in ihm den Willen zur Reform reifen. Seine schwere und glücklich überstandene Pesterkrankung gehörte ebenso dazu wie das ausgiebige Studium der Schriften von Augustinus und Paulus, aber auch der eines gewissen Martin Luther aus dem fernen Wittenberg.
Zunächst wusste sich Zwingli in vielen Punkten mit Luther einig; nach 1520 galt er als dessen wichtigster Anhänger in der Schweiz. Für beide setzten die Heilige

Gustav König, Das Marburger Religionsgespräch, Radierung, 1847. Am Tisch Zwingli (links) und Luther.

Schrift (und nicht die Kirche oder deren Gremien) sowie Jesus Christus (und nicht der Papst) die Maßstäbe des Glaubens.

Zwinglis erster reformatorischer Vorstoß richtete sich gegen das Fastengebot. Dazu veranstaltete er 1522 ein aufsehenerregendes öffentliches „Wurstessen" in der Fastenzeit. Nach zwei großen Disputationen im Zürcher Rathaus fand 1523 mit der Zürcher Staatskirche die erste protestantische Kirchengründung überhaupt statt. In der Folge wurden im Einvernehmen mit Zwingli die Heiligenbilder entfernt, die Klöster aufgelöst sowie Prozessionen, Orgelspiel und Gemeindegesang, Firmung und letzte Ölung abgeschafft.

Seit 1526 tauschten Luther und Zwingli sowie deren Anhänger auf beiden Seiten eine Reihe von Streitschriften über das richtige Abendmahlsverständnis aus. Dieser Streit entwickelte sich zum Spaltpilz innerhalb der späteren protestantischen Konfession zwischen Lutheranern und den Schweizer Reformierten. Nach Luther ist Christus beim Abendmahl in der Gemeinde persönlich anwesend, und zwar sowohl durch Wort und Zeichen als auch durch Brot und Wein, die auf der Wandlung von Leib und Blut Christi beruhten. Dagegen sah Zwingli in allen Elementen des Abendmahls nur ein Symbol für die Gegenwart Christi zum Gedächtnis seines Selbstopfers am Kreuz. Die sogenannte Realpräsenz Christi im Abendmahl wurde also von Luther bejaht, von Zwingli jedoch verneint.

Der hessische Landgraf Philipp konnte darin nur Streitigkeiten um Begriffe sehen und brachte Luther und Zwingli im sogenannten Marburger Religionsgespräch

Hans Asper, Ulrich Zwingli, Ölgemälde 1531/1532.

im Oktober 1529 auf dem Marburger Schloss zusammen. Es sollte die einzige Begegnung zwischen beiden Reformatoren bleiben. Sie fanden in der Abendmahlsfrage keinen Konsens. Selbst die von Zwingli angebotene Formel einer „versöhnten Verschiedenheit" wies Luther mit der Belehrung zurück, Zwingli und seine Anhänger mögen Gott bitten, dass sie zur rechten Einsicht kommen. Der so brüskierte Schweizer erwiderte dies nun seinerseits umgehend.
In dem Umstand, dass Zwingli als aktiver Teilnehmer eines Krieges sein Leben verlor, erblickte Luther ein Gottesgericht. Der Abendmahlsstreit hatte ihn mit Zorn erfüllt und verbittert.
Nach Zwinglis Tod und dem zweiten Kappeler Krieg, den die katholischen Orte für sich entscheiden konnten, wurde die Reformation in der Schweiz wesentlich durch Johannes Calvin (1509–1564) gerettet. Zwar studierte Calvin die Sieben freien Künste in Paris (1523–1528) sowie Jura in Orléans und Bourges (1528–1531) und betrieb nochmals in Paris humanistische Studien (1531–1533), doch blieb er als Theologe Autodidakt. Sein Bekenntnis zur Reformation Zwinglis zwang ihn zur Flucht aus Paris, wo er 1532 Lizenziat der Rechte geworden war. In Basel veröffentlichte er 1536 sein Hauptwerk, die „Christianae Religionis Institutio" („Unterricht in der christlichen Religion").
Darin führte er die im Widerspruch zu Luther stehende Prädestinationslehre aus: Gott wisse bereits vor der Zeit alles, was in der Zeit geschehen würde. Schon vor seiner Geburt stehe deshalb für jeden Menschen unwiderruflich fest, ob er für das ewige Heil erwählt („prädestiniert") sei oder nicht. Nur dem Erwählten verhelfe Gott zum rechten Glauben; der Verworfene bemühe sich vergebens darum. Zwar stimmt Calvin mit Luther darin überein, dass das Erbringen „guter Werke" keinen Einfluss auf die Rechtmäßigkeit des Glaubens haben könne und deshalb untauglich zur Erlangung des Heils sei. Allerdings hatte Calvins Gedanke der Prädestination eine geradezu paradoxe Wirkung bei den Gläubigen. In ihrer Angst entfalteten sie erhöhte Aktivitäten und strebten besonders nach Erfolg, um nicht als Verworfene, sondern als Erwählte wahrgenommen zu werden. Damit ignorierten sie in Wahrheit die unabänderliche Vorherbestimmung, die der Prädestinationslehre eigen ist.
Nach Aufenthalten in Genf und Straßburg (hier betreute er französische Flüchtlingsgemeinden) ließ sich Calvin 1541 endgültig in Genf nieder, das durch ihn zum international wichtigsten Zentrum des Protestantismus werden sollte. Er erarbeitete eine strenge Kirchenordnung, die der Rat der Stadt bestätigte und unter Calvins geistlicher Leitung umsetzte. Sie war vornehmlich auf peinlich genau einzuhaltende Sittenzucht ausgerichtet und sah bei Verstößen drakonische Strafen vor. Dies betraf

zunächst Trunksucht, Kartenspiel oder unangepasste Meinungsäußerung; auf Gotteslästerung, Ehebruch oder „Unzucht" stand sogar die Todesstrafe.
Mit der strengen Disziplin, die Calvin in seiner Kirche durchsetzte, geht seine Affinität zu Werten wie Fleiß, Arbeit, Leistung und Kapital einher. Dies förderte die wirtschaftliche Entwicklung. Bis heute ist der Calvinismus in Ländern mit überdurchschnittlichem Wohlstandsniveau fest verankert (insbesondere Westeuropa und Nordamerika). Nach dem Katholizismus ist er heute die zweitgrößte christliche Konfession. Calvin selbst lehnte übrigens den Begriff „Calvinismus" als Schmähung seiner Anhänger ab. Für seine Lehre verwendete er vielmehr den Begriff „reformierte Kirche". Calvin verfasste 1542 den „Genfer Katechismus" als Leitfaden religiöser Erziehung. Mit der von ihm 1559 gegründeten „Genfer Akademie" schuf er die Voraussetzung, dass sich sein reformierter Protestantismus dank ausreichend geschulter Protagonisten in weiten Teilen Europas ausbreiten konnte. Calvin hielt fast 5000 Predigten in seinem Leben (also durchschnittlich drei bis vier pro Woche). Aufgezeichnet wurden davon etwa 2300, die nur zum Teil erhalten sind.
Sein Verhältnis zu Luther, dem er nie persönlich begegnet ist, blieb angesichts der Gegensätze im Abendmahlsverständnis und in der Prädestinationslehre gespannt. Calvin sah die Hauptverantwortung für das Scheitern einer innerprotestantischen Einigung bei Luther selbst. Dessen Fehler sei „nicht etwa nur sein hochmütiges Schmähen, sondern auch Unwissenheit und größte Selbsttäuschung. Wie töricht ging er anfangs ins Zeug, als er sagte: das Brot sei der Leib Christi selbst!"
Erst 1973 vereinbarten Lutheraner und Reformierte in der Leuenberger Konkordie die gegenseitige Abendmahlsgemeinschaft und überwanden damit die Konfessionsspaltung in ihrem zentralen Punkt.

◄ *anonym, Johann Calvin, später kolorierter Kupferstich 1574. Die integrierte Unterschrift zu dem Porträt ordnet Calvin in die Reformationsgeschichte ein: „Jan Hus hat die Böhmen bekehrt und Luther hat die Deutschen gelehrt. So hat dieser Calvinus gemehrt den Glauben in Frankreich. Wehre dem Antichrist, darum er mordet wie der Teufel, ist nie erhört."*

anonym, Calvin in seinem Arbeitszimmer, später kolorierter Kupferstich um 1560

UNVERSÖHNLICHE FEINDE FÜR LUTHER – JUDEN UND TÜRKEN

◄

Hostienschändung. Aus einer Flugschrift gegen die Juden in Berlin, später kolorierter Holzschnitt 1511

Toleranz im Sinne der Aufklärung ist dem Christentum erst nach einer jahrhundertelangen Geschichte misstrauischer oder gar feindseliger Abgrenzung gegenüber anderen Religionen, aber auch intern gegenüber den jeweils anderen Konfessionen eigen. Dieser Prozess fand seine extremsten Auswüchse im Dreißigjährigen Krieg.

Luther und seinen Zeitgenossen wäre jener Toleranz-Gedanke fremd gewesen. Die dem Christentum von seinen religiösen Wurzeln her am nächsten stehende jüdische Religion sah er zeitlebens auf einem Irrweg, mit dem er sich weder abfinden konnte noch abfinden wollte. Obwohl er schon früh zugestand, „dass unser Herr Jesus ein geborener Jude war", prangerte er die hartnäckige Ablehnung der Messianität Jesu und der Trinitätslehre durch die Juden an. Sein Ziel war zunächst, die Juden zum Christentum zu bekehren. Dazu kam er ihnen in der Schrift „Daß Jesus Christus ein geborener Jude sei" (1523) entgegen und warb mit der Kraft seines Glaubens um sie. Bereits 1521 hatte er das Verbrennen jüdischer Schriften mit den Worten „Feuer hebt keine Argumente auf" angeprangert. Bald musste er jedoch erkennen, dass dieser Weg der ausgestreckten Hand erfolglos blieb. Wenige Jahre später scheiterte ein Gespräch über den rechten Glauben mit Rabbinern, die unbeugsam ihre traditionell geprägte Sicht vertraten. Für Luther unerträglich war die Nachricht, dass in Mähren Christen durch Juden erfolgreich missioniert worden seien. Auch bestätigte die Judenausweisung durch den sächsischen Kurfürst 1536 Luther darin, dass er mit seiner antijüdischen Einstellung nicht allein stand.

Seine späte Schrift „Von den Juden und ihren Lügen" (1543) spiegelt den inzwischen vollzogenen radikalen Bruch mit seiner eher offenen Haltung zu den Juden aus der

21

Von den Jů-
den vnd jren
Lůgen.
D. M. Luth.
Gedrückt zu Wittemberg /
Durch Hans Lufft.
M. D. XLIII.

Martin Luther, Von den Juden und ihren Lügen, Erstausgabe Wittenberg 1543, Titelblatt

Frühzeit der Reformation wider und ist für heutige Christen und Nichtchristen, die sich der historischen Singularität von Hitlers Holocaust bewusst sind, eine einzigartige Provokation.

Zunächst spricht Luther darin den Juden das Recht ab, die Bibel überhaupt auch nur zu lesen. Wider besseres Wissens ignoriert er damit, dass sich die Existenz des

Judensau an der Stadtkirche Wittenberg, Relief um 1440. In seiner Schrift „Von den Juden und ihren Lügen" schreibt Luther dazu: „Es ist hier zu Wittenberg an unserer Pfarrkirche eine Sau in Stein gehauen; da liegen junge Ferkel und Juden drunter, die saugen; hinter der Sau steht ein Rabbiner, der hebt der Sau das rechte Bein empor, und mit seiner linken Hand zieht er den Pirzel über sich, bückt und guckt mit großem Fleiß der Sau unter dem Pirzel in den Talmud hinein, als wollte er etwas Scharfes und Sonderliches lesen und ersehen …"

Alten Testaments dem Judentum verdankt. Darüber hinaus fordert er, den Juden auch alle anderen Bücher, darunter die Betbücher, zu nehmen und ihnen „nicht ein Blatt" zu lassen. Den Ort der jüdischen Bibellesung, die Synagoge, solle man „mit Feuer verbrennen. Und werfe hier zu, wer da kann, Schwefel und Pech." Er kommt später auf diesen Gedanken zurück und fordert wiederum, „dass man ihre Synagogen oder Schulen mit Feuer anstecken und was nicht brennen will, mit Erde überhäufe und beschütte, so dass kein Mensch einen Stein oder Schlacken davon ewiglich sehe. Und solches soll man tun unserem Herrn und der Christenheit zu Ehren." Man „zerbreche und zerstöre" auch ihre Häuser und solle fortan die Juden „in einen Stall tun wie die Zigeuner. … Sie sollen daheim bleiben, denn sie haben nichts auf dem Land zu schaffen", wo sie nur Wuchergeschäfte treiben würden, die ihnen nicht nur verboten werden sollen. Zudem nehme man ihnen „alle Barschaft und Kleinod, an Silber und Gold". Selbst diese Einschränkung der Bewegungsfreiheit der Juden reicht Luther nicht: „Wir müssen geschieden sein und sie müssen aus unserem Lande vertrieben werden."

Jeder Jude ist für Luther „ein leibhaftiger Teufel". Angesichts der herausragenden Bedeutung, die der Teufel als Gegenbild für sein Gottes- und Glaubensbild hat, bedeutet dies den unwiderruflichen Verstoß einer vollständigen Gruppe von Menschen in die absolute Verwerflichkeit durch Luther. „Darum wisse, o lieber Christ …", warnt er, „dass du nächst dem Teufel keinen bittereren, giftigeren, heftigeren Feind hast denn einen rechten Juden …" Vor einer gemeinsamen Mahlzeit oder einem Gespräch mit Juden solle man sich hüten. Die Juden seien „ein solch heilloses, durch und durch böses, durchgiftetes, durchteufeltes Ding", dass sie „1400 Jahre unsere

Plage, Pestilenz und alles Unglück gewesen sind und noch sind." Das Gebot der christlichen Nächstenliebe, das eigentlich ohne Einschränkung gilt, wird im Falle der Juden von Luther bewusst außer Kraft gesetzt.
Seine letzte Predigt am 14. Februar 1546 in Eisleben schloss mit einer „Vermahnung wider die Juden", denen einzig die Alternative Taufe oder Vertreibung zustehe.
Ausfälle gegen Juden – seien sie verbaler oder tätlicher Art bis hin zu Pogromen – waren im ausgehenden Mittelalter keine Seltenheit. Gerade nach wirtschaftlichen Krisen, Epidemien und Naturkatastrophen mussten Juden häufig als die vermeintlich Schuldigen dafür büßen. Für Luther stand demgegenüber die religiöse Bedrohung, die er in den Juden sah, im Vordergrund. Insofern kann sein Verhältnis zu den Juden nicht auf Basis der historischen Erfahrung des 20. Jahrhunderts bewertet werden. Dennoch widerspricht es diametral bereits seinem eigenen, mit dem reformatorischen Glauben verfochtenen Menschenbild. Es müsste genauso verurteilt werden, wenn es sich nicht auf die Juden, sondern auf eine andere Gruppe von Menschen bezöge, deren Zugehörigkeit durch Geburt und/oder religiösen Glauben definiert ist.

▲

Barthel Beham, Belagerung Wiens durch die Türken unter Süleyman, später kolorierter Holzschnitt 1529

Luthers fanatische Judenfeindschaft und seine daraus erwachsenden detaillierten praktischen Forderungen im Umgang mit den Juden fanden lange nur partiell Resonanz. Erst dem deutschen Nationalsozialismus, mit dem sich der Antisemitismus endgültig vom religiös zum rasseideologisch begründeten Phänomen gewandelt hatte, blieb es vorbehalten, Luthers Obsessionen mit perfidem Perfektionismus umzusetzen und durch den systematisch organisierten Völkermord zu ergänzen. Von diesem allerdings ist bei Luther an keiner Stelle die Rede.
Dennoch ist die menschenverachtende Einstellung Luthers gegenüber dem Judentum nicht entschuldbar. Versuche einer historisierenden, psychologisierenden oder gerontologisierenden Relativierung greifen nicht. Der Umstand, dass wir mit religiös motivierten Hasspredigern gegen Andersgläubige – genau dies war Luther eben auch – bis in die Gegenwart konfrontiert sind, erleichtert mitnichten die Einschätzung seiner Einlassungen zu den Juden.
Auch die Türken als Repräsentanten des Islam gehörten zu den Feindbildern Luthers, der wie viele seiner Zeitgenossen das Christentum spätestens seit der Eroberung von Konstantinopel durch die Türken 1453 herausgefordert sah. Die Türken-Belagerung Wiens im Jahre 1529 vertiefte diese Sicht. Neben mehreren eigenen einschlägigen Schriften, in denen Luther den Türken bescheinigte, sie seien „Feinde unserer Seligkeit" und Agenten des Teufels, übersetzte er eine Widerlegung des Korans aus dem späten 13. Jahrhundert ins Deutsche und ergänzte sie mit einer eigenen, aktuell begründeten Widerlegung auf der Basis seiner Kenntnis des Korans in der lateinischen Fassung. Er rief zum Krieg gegen die Türken auf und forderte die christlichen Söldner auf, sie sollten „mit Freuden die Faust regen und getrost dreinschlagen, morden, rauben, und Schaden tun, so viel sie immer vermögen."

Luther am 24. April 1530 an Philipp Melanchthon: „Ich werde mit so großen Leidenschaften des Geistes gegen die Türken und Mohammed bewegt, wenn ich jene unerträgliche Raserei des Satans betrachte, die gegen unsere Körper und Seelen so übermütig wütet. Ich werde daher beten und klagen und nicht ruhen, bis ich erkenne, dass mein Schreien im Himmel erhört worden ist. Dich quälen mehr heimische Ungeheuer unseres Reiches. Aber wir sind es, denen jene beiden neuen Reiche bestimmt sind, um ihr Wüten und ihr letztes Anstürmen zu erleben sowie zu ertragen. Aber dieser Angriff ist Zeuge und Vorbote ihres Untergangs und unserer Erlösung."

Lucas Cranach d. J., Reformatorengruppe. Kopie nach dem Meyenburgischen Epitaph in der St. Blasius-Kirche Nordhausen (Ausschnitt), 1558 (am 4.4.1945 zerstört). Vordere und mittlere Reihe v. l. n. r.: Johannes Forster, Georg Spalatin, Martin Luther, Johannes Bugenhagen, Erasmus von Rotterdam, Justus Jonas, Caspar Cruciger und Philipp Melanchthon.

DIE LETZTEN JAHRE

Die letzten anderthalb Jahrzehnte seines Lebens nach der Gründung des Schmalkaldischen Bundes waren für Luther durch beharrliches Wirken im Interesse der Reformation an vielen Orten Kursachsens und durch eine dichte, an polemischer Schärfe zunehmende Publikationstätigkeit geprägt. Seine theologischen Positionen hatten sich in zahlreichen Disputationen, Streitgesprächen und Streitschriften gefestigt und trotz aller Schwierigkeiten weitgehend durchgesetzt.
Von zentraler Bedeutung ist Luthers Haltung in der Rechtfertigungslehre. Seit seinem Studium in Erfurt trieb ihn die Frage um: „Wie finde ich einen gnädigen Gott?" – Er beantwortete sie unter Bezug auf den Apostel Paulus so, dass allein die Gnade Gottes dem sich als Sünder bekennenden Menschen das Heil schenke und ihn für gerecht erkläre. Keinerlei „Werke" – weder (ritualisiertes) Beten, Beichten, Pilgern oder gar der Kauf von Ablassbriefen – tragen zu dieser Rechtfertigung bei. Damit grenzte sich Luther klar von der um 1520 herrschenden katholischen Lehre ab. Bezeichnenderweise hat sich diese mit dem Trienter Konzil Mitte des 16. Jahrhunderts gewandelt und in der Frage der Rechtfertigung den Reformatoren angenähert.
Im Zentrum des Glaubens stand für Luther die direkte (heute würden wir sagen, die individuelle) Beziehung des Menschen zu Gott. Nicht die Kirche, sondern allein Gott vermöge die Sünden zu vergeben und ihn zu rechtfertigen. Es brauche also weder einer ausgeklügelten Hierarchie aus klerikalen Amtsträgern noch einer Vermittlung durch Heilige oder die Jungfrau Maria, um mit Gott in Verbindung zu treten. Dass sich die damalige Papstkirche durch solche radikalen Gedanken herausgefordert sah, konnte niemanden überraschen.

Albrecht Dürer, Die vier apokalyptischen Reiter, Holzschnitt 1498 (aus der Folge „Die Apokalypse" mit 15 Holzschnitten). In der „Offenbarung des Johannes" künden vier apokalyptische Reiter vom bevorstehenden Jüngsten Gericht. Sie stehen symbolisch für (von rechts oben nach links unten) Sieg, Reinheit und Gerechtigkeit; Blut und Kriegstod; Hunger und Tod; Furcht, Krankheit und Tod. Sie fegen über das Land und lassen orientierungslose, verängstigte, verstörte Menschen zurück.

An die Rechtfertigungslehre schließt sich die „Zwei-Reiche-Lehre" Luthers an. Er selbst benutzte diesen Begriff nicht; er ist erst im 20. Jahrhundert in der Rückschau geprägt worden. Gemeint war damit die Idee doppelter göttlicher Machtausübung. Zum einen regiere Gott im geistlichen Reich durch Evangelium, Wort und Sakrament. Hier wirke nur die persönliche Beziehung zwischen den einzelnen Menschen und Gott (abgeleitet aus der Rechtfertigungslehre). Zum anderen regiere Gott aber auch im weltlichen Reich, also in der realen Lebenswelt des Menschen mit ihren sozialen Strukturen, durch das (von Menschen geschaffene) Gesetz. Die weltlichen

Lucas Cranach d.Ä. und Lucas Cranach d.J., Christus als Erlöser am Kreuz mit Martin Luther, Lucas Cranach d.Ä. und Johannes dem Täufer. Mitteltafel des Altargemäldes der Stadtkirche in Weimar 1552/55. Bedeutendes Lehrbild der Reformation zum Thema der Rechtfertigung. Links im Hintergrund der Sünder, gehetzt vom Tod, dessen Spieß die Sünde ist. Rechts erscheint der Weltenrichter in den Wolken. In der Mitte vor und über allem steht der gekreuzigte Christus. Kraft seiner Erlösungstat darf der Sünder als Gerechter leben. Das Symbol dafür, der Blutstrahl der Gnade aus der Seitenwunde des Gekreuzigten, trifft auf Cranachs eigenen Kopf – ein Bekenntnis des Malers zur Reformation.

Ordnungen (Familie, Stand, Beruf) seien nicht von Menschen, sondern von Gott geschaffen und deshalb unveränderlich und unantastbar. Da jeder Christ beiden Reichen zugehöre, müsse er als Mensch (im weltlichen Reich) Gesetz und Gnade anerkennen und anwenden, aber als Christ (im geistlichen Reich) auf Gewalt und Recht verzichten.

Zu Luthers Zeit begünstigte die Zwei-Reiche-Lehre die Herausbildung eigenständiger Territorialstaaten. Ihre Brisanz lag jedoch darin, dass sich jegliche staatliche Obrigkeit auf die Legitimation durch Gott berufen konnte. Diese Prämisse verzögerte revolutionäre Bewegungen von unten; vor allem aber förderte sie Obrigkeitshörigkeit (die in der Geschichte der Deutschen eine größere Rolle als bei anderen Völkern spielt) und konnte im Ernstfall auch fragwürdige (z. B. totalitäre) Regime stützen. Für Luther spielte sie eine wichtige Rolle, als er die aufständischen Bauern im Bauernkrieg verurteilte und wüst beschimpfte.

Lucas Cranach d. J., Johann Friedrich der Großmütige im Kreis der Wittenberger Reformatoren, Gemälde 1543. Links Luther, rechts Melanchthon

Museum „Luthers Sterbehaus" in Eisleben. Das Gebäude, in dem Luther tatsächlich starb, steht nicht mehr. Die Identifizierung des vermeintlichen „Sterbehauses" beruht auf der Verwechslung eines Chronisten aus dem frühen 18. Jahrhundert.

Das geforderte Agieren des Menschen im weltlichen Reich führt zu einer weiteren, langfristig wirksamen Prägung des Luthertums. Ohne dass Luther dies in einer geschlossenen Theorie niedergelegt hätte, erhob er ethische Ansprüche an die Ausübung des Berufes, an die Arbeit, an Unternehmertum, an den Umgang mit Geld. Dies war neu. Tugenden wie Fleiß, Anstand, Zuverlässigkeit, Gewissenhaftigkeit oder die des ehrbaren Kaufmanns gehen zwar nicht direkt auf Luther zurück, erfuhren aber im Zuge seiner Reformation eine beträchtliche Aufwertung, die die Identität der Deutschen über Jahrhunderte mitbestimmen sollte.
Trotz unterschiedlicher Auffassungen in Detailfragen konnte sich Luther mit seinem Werk in einem großen Kreis von Mitstreitern aufgehoben wissen. Dennoch war er unfähig, sich in Dankbarkeit, Demut oder Milde zurückzunehmen. Vielmehr

treten in seinen späten Schriften Verbitterung und Hass gegenüber allen, die der Ausbreitung der Reformation im Wege standen, in oft erschreckendem Ausmaß zutage. Die Fronten waren für ihn geklärt. Rücksichtnahme auf Würde oder Gefühle tatsächlicher oder vermeintlicher Gegner schien ihm nicht erforderlich. Ungehemmt ließ er einer verrohenden Sprache freien Lauf. Die wunderbaren, oft auch von tiefer Sensibilität erfüllten sprachlichen Bilder aus den Bibelübersetzungen bilden dazu einen nicht mehr überbrückbaren Gegensatz.

Luther kritisiert seine Gegner nicht; er vernichtet sie verbal – mit kruden Obszönitäten oder mit Analogien auf den Teufel, der für ihn in einer elementaren, absoluten Weise das Böse schlechthin verkörperte. Wer z. B. vom Oberhaupt der katholischen Kirche nicht von „Seiner Heiligkeit", sondern wie Luther von „Seiner Höllischkeit" schreibt, leistet nichts mehr zur Förderung der jungen evangelischen Kirche, sondern ist auf Krawall aus. Im sicheren Bewusstsein dessen, auf der richtigen Seite des Glaubens zu stehen, ließ sich der Choleriker zu maßlosen Urteilen hinreißen.

Für diese Fehlentwicklungen allein den (durch Lebenswandel und Ernährung weitgehend selbst verursachten) ruinösen Gesundheitszustand Luthers verantwortlich zu machen, wäre zu einfach. Dennoch dürften die „Faustschläge" des Teufels gegen sein „Fleisch", wie er die zahlreichen Schmerzen und Beschwerden deutete, ihn am Ende nicht nur körperlich, sondern auch psychisch zermürbt haben. Luther selbst klagte zwischen 1518 und 1546 detailliert über Symptome von Magen- und Gallenbeschwerden, Fettleibigkeit, Verstopfungen, Hämorrhoiden, Harnstau, Nierenkoliken, Herzschmerzen, hohem Blutdruck, Ohrensausen mit Anfällen, Mittelohrentzündungen, Gicht, Angina, schweren Kopfschmerzen, Ohnmachtsanfällen, Schwermut und Halluzinationen.

Dies hielt ihn nicht davon ab, im für damalige Verhältnisse sehr hohen Alter von 62 Jahren mitten im Winter eine Kutschreise von Wittenberg in seine über hundert Kilometer entfernte Geburtsstadt Eisleben zu unternehmen. Dort vermittelte er erfolgreich im Erbstreit der Mansfelder Grafen Albrecht und Gebhard. Angesichts erneuter Schmerzattacken scherzte er am 17. Februar 1546, wenn er wieder in Wittenberg sei, wolle er sich „alsdann in den Sarg legen und den Maden einen feisten Doktor zu essen geben!" Die Rückreise nach Wittenberg sollte er jedoch nicht mehr erleben, da sich sein Gesundheitszustand weiter verschlechterte.

Die oft zitierten Worte „Wir sind Bettler, das ist wahr" hat Luther nicht auf dem Totenbett gesprochen, sondern bei seinem Tod in schriftlicher Form auf einem Zettel hinterlassen. Aus dem Kontext seiner Notizen mit dieser Mahnung zur Demut geht hervor, dass er zu der abschließenden Erkenntnis gelangt war, selbst ein ganzes Menschenleben reiche nicht aus, die Heilige Schrift genügend zu verstehen.

Als wirklich letzte Worte sprach Luther dreimal jenen lateinischen Vers 6 aus Psalm 31, den Jesus am Kreuz gebetet hatte: „In deine Hände befehle ich meinen Geist. Du hast mich erlöst, treuer Gott." In der Nacht zum 18. Februar 1546 antwortete er auf die Frage „Wollt Ihr Euch zu eurem Herrn Jesus Christus, unserm Heiland und Erlöser, und der Lehre, so Ihr in seinem Namen getan, sterbend bekennen?" mit Ja und starb wenige Stunden später an einem Herzinfarkt.

Lucas Cranach d. Ä., Bildnis Martin Luthers auf dem Totenbett, Gemälde 1546. Einen Sterbenden oder gerade Verstorbenen auf dem Totenbett zu fotografieren würde man heute als Verstoß gegen ungeschriebene Gesetze der Pietät empfinden. Bis ins 19. Jahrhundert war bei Personen von öffentlichem Interesse das Abnehmen der Totenmaske allerdings unverzichtbar, um ein genaues, nicht von der Subjektivität eines Porträtisten beeinflusstes Bild zu gewinnen. Neben der Totenmaske freilich erzwang im Falle Luthers ein kirchenpolitisches Motiv ein Totenbild. Da von katholischer Seite dem vermeintlichen Ketzer ein elendes Ende, bei dem der Teufel aus seinem Leib ausfahren und er selbst in die Hölle einfahren werde, prophezeit worden war, sollte mit dem Bild ein sanfter, friedlicher Tod Luthers im Einklang mit Gottes Gnade dokumentiert werden.

Vier Tage später wurde Luthers Leichnam in der Wittenberger Schlosskirche beigesetzt; ein repräsentatives kursächsisches Staatsbegräbnis unter großer Beteiligung ging dem voraus.

WIRKUNGEN

Die tiefgreifenden Folgen Martin Luthers und seiner Reformation für die Geschichte des Christentums sowie für die deutsche und europäische Geschichte in Politik, Gesellschaft und Kultur wirken bis heute nach. Sie prägen unser Denken und Fühlen nicht nur im religiösen Bereich in einem Maße, das uns kaum bewusst ist.

Um zu verstehen, was den Menschen Martin Luther bewegte, muss die Alltagswelt seiner Zeit berücksichtigt werden. Ohne Wissen davon, dass Kindheitserfahrungen das spätere Leben fundamental prägen, wurden Kinder in der Regel weniger erzogen als beaufsichtigt, gezüchtigt und gedemütigt – sei es (in bester Absicht) von den Eltern oder von der Schule. Dies hat Luther selbst schmerzlich erlebt. Tiefsitzende Ängste bedrängten ihn sein Leben lang. Beinahe permanent saß ihm der Teufel im Nacken – psychologisch wie theologisch. Luther musste immense Kräfte aktivieren, um ihn zu bändigen. Aber auch die Angst, der Gnade Gottes nicht gerecht zu werden und dem Höllenfeuer geweiht zu sein, trieb ihn lange in einer geradezu existenzbedrohenden Dimension um.

Angst und Zorn waren zugleich unverzichtbare Triebkräfte, um seine Reformation ins Werk setzen zu können. Seine unerschütterliche geistliche Orientierung, die im Glauben ruhte, gehört ebenso dazu wie geistige Brillanz, Sturheit, Beharrlichkeit und Grobheit. Der Choleriker Luther hätte in einer von *political correctness* geprägten Meinungskultur wie heute keine Chance, ernstgenommen oder gar bejubelt zu werden. In seiner Zeit jedoch traf er mit seiner derben, klaren Sprache gegen scheinbar unerschütterliche päpstliche Wahrheiten den Nerv vieler einfacher, aber auch vieler einflussreicher Menschen, auf deren Unterstützung er bauen konnte.

◀

Lucas Cranach d. Ä., Der Papst in Eselsgestalt mit einem Dudelsack auf dem Thron, später kolorierter Holzschnitt 1545 (aus: Martin Luther, Abbildung des Papsttums, Wittenberg 1545)

Erhard Schön, Des Teufels Sackpfeife, kolorierter Holzschnitt um 1530. Polemisches Flugblatt gegen das Mönchstum. Ein Teufel spielt auf einem Dudelsack, der als Kopf eines Mönchs verfremdet ist.

Dies betraf vor allem die sächsischen Kurfürsten Friedrich der Weise (Regierungszeit 1486–1525), dessen Bruder Johann der Beständige (1525–1532) und Johanns Sohn Johann Friedrich der Großmütige (1532–1547).
Insbesondere Friedrich der Weise betrieb eine regelrechte „Lutherschutzpolitik“, obwohl er selbst zeitlebens katholisch blieb. Als Persönlichkeit war er freilich ein Antipode Luthers. In genauer Kenntnis der machtpolitischen Verhältnisse im Reich und der eigenen starken Stellung in deren Gefüge verfolgte er seine Ziele mit Bedacht und setzte dafür im Verborgenen durchgesetzte Entscheidungen, ungewöhnliche Koalitionsbildungen, Täuschung, diplomatische Raffinesse, gespielte Ahnungslosig-

anonym, Karikatur auf Luther und seine Frau Katharina von Bora, Kupferstich zwischen 1620 und 1630. Das antireformatorische Flugblatt reagiert auf die Niederlage des Protestantismus und die Vertreibung der protestantischen Prediger aus Böhmen nach der Schlacht am Weißen Berg 1620.

keit, Gelassenheit und Geduld ein, wenn es ihm erforderlich schien. Dies war Luther, der im Zweifel seine Überzeugungen mit dem Kopf durch die Wand durchzusetzen trachtete, eher fremd. Dank ihrer Gegensätzlichkeit jedoch konnten beide arbeitsteilig für die Reformation erfolgreich werden.

Aber auch der damals schon für sein differenziertes Weltbild bekannte Humanist Erasmus von Rotterdam oder Luthers wichtigster theologischer Mitstreiter Philipp Melanchthon zeigen, dass seinerzeit große Repräsentanten des Geistes – dies war auch Luther – keineswegs zwangsläufig von einer solch „mittelalterlichen" Disposition wie dieser geprägt sein mussten, bei der die Dinge der Welt vornehmlich in Schwarzes und Weißes gegliedert wurden und verschiedene Grautöne kaum eine Rolle spielten.

War Luther ein sozial eingestellter Verantwortungsträger? – Mit der Erschließung der Bibel für das Volk könnte dies nur in einem sehr speziellen Sinne bejaht werden; seine Verständnislosigkeit und Gnadenlosigkeit gegenüber den aufständischen Bauern sprechen jedoch klar dagegen.

Martin Luther ist ein Extremfall. Es dürfte kaum eine Person in der europäischen Geschichte der Neuzeit geben, deren positive und negative Einflüsse so weit auseinanderklaffen und zugleich von solchem Gewicht sind.

Luther überwand die mittelalterlichen Ordnungsvorstellungen. Er stieß das Tor weit auf zu einem neuen, befreiten Verhältnis des Menschen zu Gott. Er ermöglichte mit Reformation und Konfessionsbildung eine Entwicklung, die zu religiösem Pluralismus und schließlich zu Religionsfreiheit und Toleranz geführt hat, obwohl er selbst zu solchen Ideen weder fähig noch willig war. Er einte die Deutschen unter

dem Dach einer konsolidierten einheitlichen Sprache von tiefer emotionaler Kraft und bildhafter Vielfalt; zugleich förderte er den Föderalisierungsprozess im Reich. Er hob die Bildung im gehobenen humanistischen Sinne für die Eliten und zugleich im umfassenden Sinne für alle Schichten des Volkes auf eine neue Stufe. Er gab den Anstoß zu einer neuen gottesdienstlichen Musik, deren Entfaltung später zur Musik in ihrer höchsten Vollendung bei Johann Sebastian Bach geführt hat. Er übertrug die prinzipielle Gültigkeit ethischer Ansprüche von Theologie und Religionsausübung auf politisches und wirtschaftliches Handeln. Er etablierte die kulturhistorisch und soziologisch folgenschwere Institution des evangelischen Pfarrhauses.
Luthers Reformation bildet den gravierendsten Einschnitt in der Geschichte des Christentums. Sie machte den unabweisbaren Reformbedarf der Papstkirche öffentlich und stieß letztlich auch deren Erneuerung mit dem Trienter Konzil (1545–1563) an.
Luther wollte keine Kirchenspaltung. Nachdem sich die von ihm zunächst gesuchte Verständigung mit der Papstkirche als illusorisch erwiesen hatte, setzte er jedoch alles daran, seine Reformation auch tatsächlich zu verwirklichen. Dabei war ihm klar, dass er ohne oder gar gegen die ihn unterstützenden Fürsten mit ihren jeweils eigenen Machtinteressen auf verlorenem Posten gestanden hätte.
Dass die Konfessionsbildung und Auflösung der Einheit der Kirche mit unterschiedlichen christlichen Wahrheitsansprüchen über (mindestens) ein halbes Jahrtausend anhalten würde, ist nicht ihm anzulasten. Hätte er die konfessionell bedingten kriegerischen Auseinandersetzungen, beginnend mit dem Schmalkaldischen Krieg wenige Monate nach seinem Tod und grausam gipfelnd im Dreißigjährigen Krieg, gebilligt? – Seine Rolle im Bauernkrieg war die eines aufputschenden Scharfmachers, der bereit war, über Leichen zu gehen. Diese Haltung kann allerdings nicht voraussetzungslos auf spätere gewaltsam ausgetragene Konflikte übertragen werden.
Wie können wir mit Luthers zerstörerischem Antijudaismus umgehen? – Erst seit jüngerer Zeit hält es die evangelisch-lutherische Kirche für nötig, sich dieser Frage ernsthaft zu stellen. Ist es angesichts von Luthers klugen und segensreichen Äußerungen zu zahlreichen anderen Themen geboten, von seinen verheerenden späten Äußerungen zu den Juden abzusehen? – Sind blindwütiger Hass und bewusst verweigerte Menschenwürde (in Luthers Sprache Nächstenliebe) gegenüber den Angehörigen einer der ältesten Weltreligionen in der Lage, Teile seines reformatorischen Werkes in Frage zu stellen? – Oder sind Luthers Auswüchse an inakzeptablem Fanatismus die unausweichliche Kehrseite seiner epochalen weltverändernden Kraft?
Gerade die Erkenntnis der immensen Widersprüchlichkeit von Person und Werk Martin Luthers, mit der glatte Vereinnahmungsversuche für politische oder theologische Zwecke erschwert werden, führt dazu, dass uns der in seinem Glauben unbeirrbare und zugleich fehlbare Reformator heute näher denn je erscheint. Nur ein entheroisierter, demythologisierter Luther, dessen Grenzen nicht tabuisiert werden, hat uns nach einem halben Jahrtausend noch etwas zu sagen – dies allerdings in eindringlicher Klarheit.

Matthäus Merian d. Ä., Magdeburg von Tilly belagert 1631, später kolorierter Kupferstich 1637 (aus: Theatrum Europeaum, Frankfurt a.M. 1637). Die schwersten Opfer des Dreißigjährigen Krieges, der zu großen Teilen ein konfessionsbegründeter politischer Machtkampf war, erlitt im Mai 1631 Magdeburg, wo Luther als Vierzehnjähriger die Domschule besucht hatte. Die Stadt wurde belagert, gestürmt, niedergebrannt und geplündert. Weniger als ein Drittel der etwa 30000 Einwohner konnten fliehen oder sich freikaufen; die meisten wurden misshandelt, vergewaltigt und ermordet. (Die Zahl der Toten ist fast so hoch wie die nach den Bombenangriffen im Februar 1945 auf die damals zwanzigmal so große Stadt Dresden.) Nach dem Ende der Zerstörungsorgie sank die Einwohnerzahl Magdeburgs um über 98 Prozent. Papst Urban VIII. äußerte schriftlich seine Freude über die „Vernichtung des Ketzernestes".

LITERATURHINWEISE

Werner Besch: *Luther und die deutsche Sprache*, Berlin 2014
Albrecht Beutel (Hrsg.): *Luther-Handbuch*, Tübingen 2005
Albrecht Beutel: *Martin Luther. Eine Einführung in Leben, Werk und Wirken*, 2. Aufl. Leipzig 2006
Veit-Jakobus Dietrich: *Martin Luther. Sein Leben und seine Zeit*, München 2008
Matthias Gretzschel: *Auf den Spuren von Martin Luther*, Hamburg 2015
Horst Herrmann: *Martin Luther: eine Biographie*, Berlin 2003
Thomas Kaufmann: *Luthers Juden*, Stuttgart 2014
Thomas Kaufmann: *Martin Luther*, München 2006
Armin Kohnle: *Martin Luther: Reformator, Ketzer, Ehemann*, Leipzig 2015
Volker Leppin: *Martin Luther: vom Mönch zum Feind des Papstes*, Darmstadt 2013
Volker Leppin und Gury Schneider-Ludorff (Hrsg.): *Das Luther-Lexikon*, Regensburg 2014
Heinz Schilling: *Martin Luther: Rebell in einer Zeit des Umbruchs*, München 2012
Reinhard Schwarz: *Luther*, 4. Aufl. Göttingen 2014
Heinz Stade, Thomas A. Seidel: *Unterwegs zu Luther. Eine Reise durch 50 Lutherorte*, Weimar/Eisenach 2010

ABBILDUNGSNACHWEIS

akg images: S. 13, 16, 19, 25, 28, 29, 34, 38, 40, 44, 47, 52–54, 58, 61, 70, 72, 74, 81, 85, 82, 87, 94, 97, 99, 108, 109, 111, 112, 114–118, 122, 124, 128, 132, 134, 135, 137
Alte Pinakothek, München: S. 96
Anhaltische Gemäldegalerie, Dessau-Roßlau: S. 90
Art Institute of Chicago: S. 67
bpk – Bildagentur für Kunst, Kultur und Geschichte: S. 32 (rechts), 64, 92
Edelhoff, Lutz: S. 17
Evangelisch-Lutherische Kirchengemeinde Weimar: S. 127
Fotolia/#59234367/Urheber: LianeM: S. 20
Giel, Immanuel: S. 55
Grafiksammlung Museum Schloss Moritzburg Zeitz: S. 32 (links)
Illustration zu Luthers Schrift „Passional Christi und Antichristi": S. 33
imango: S. 24 (links)
jmp-bildagentur, J. M. Pietsch, Spröda, mit freundlicher Genehmigung der Stadtkirche Wittenberg: S. 93
Klassik Stiftung Weimar: S. 60
Kunstmuseum Basel: S. 24 (rechts)
Linke, Ines: S. 100
Metilsteiner: S. 8
Mühlhäuser Museen: S. 76
Museum of Fine Arts, Boston: S. 102
Richter, Christa Maria: S. 86
Rödel, Susanne: S. 59
Sammlung Leuchtenburg/V 491 K2: S. 66
Schedelsche Weltchronik, Nürnberg 1493: S. 22/23
Schenke, Frank: S. 91
Staatliche Kunsthalle Karlsruhe: S. 126
Stadtarchiv Leipzig: S. 46 (oben)
Stadtgeschichtliches Museum Leipzig: S. 49
Stiftung Luthergedenkstätten in Sachsen-Anhalt: S. 68
Stiftung Lutherhaus Eisenach: S. 10
Uffizien Florenz: S. 88
Verlag Klaus-Jürgen Kamprad: S. 9, 12, 26, 36, 71, 98, 104, 105, 121, 129
VG Bild-Kunst, Bonn 2016: S. 78/79
Die virtuelle Gemäldegalerie/tandem.Verlag: S. 30, 42, 110
Wartburg-Stiftung Eisenach: S. 6, 43
Wikipedia: S. 46 (unten), 50, 62, 103, 120, 131
Zinneke: S. 14

In wenigen Fällen gelang es nicht, die Urheber bzw. Rechteinhaber ausfindig zu machen. Wir bitten diejenigen, die Rechte geltend machen können, sich mit dem Verlag in Verbindung zu setzen.

Michael Märker (geb. 1956 in Radebeul) wuchs in Eisenach auf. Er studierte von 1975 bis 1980 Musikwissenschaft und lehrte zunächst als wissenschaftlicher Assistent, später als Dozent bis 1998 an der Universität Leipzig, deren Institut für Musikwissenschaft und Musikpädagogik er 1992/93 leitete. Seine Promotion (1984) ging kompositionstechnischen Fragen bei Johann Sebastian Bach nach; die Habilitation (1990) befasste sich mit der Geschichte der protestantischen Kirchenmusik im 17. und 18. Jahrhundert. Zusätzlich nahm Märker von 1990 bis 1999 Lehraufträge zur Musikgeschichte und Musikästhetik an der Hochschule für Musik und Theater „Felix Mendelssohn Bartholdy" in Leipzig sowie an der Evangelischen Hochschule für Kirchenmusik in Halle (Saale) wahr. Er schrieb zudem zahlreiche Einführungstexte für das Gewandhaus Leipzig, den Mitteldeutschen Rundfunk und andere Konzertveranstalter bzw. CD-Produzenten sowie Musikrezensionen.
Nach Ablauf der Befristung seiner Universitätsdozentur wechselte Märker den Hauptberuf und war ab 1999 an einer Privatbank im Raum Mainz/Wiesbaden Spezialberater für Investments sowie Filialdirektor. Daneben setzte er seine Publikations-, Editions- und Vortragstätigkeit fort und leitete spezielle Kultur- und Musikreisen. Seit 2013 ist er ausschließlich freiberuflich tätig.
Michael Märker ist in der 13. Generation Nachkomme von Martin Luther.

Geschichte Mitteldeutschlands

Lucas Cranach der Jüngere

Bestell-Nr: VKJK 1526
Empf. Preis: 9,90 €

Cranach – kaum ein anderer Künstlername ist stärker mit der Reformation verbunden. In der Cranach-Werkstatt in Wittenberg entstanden Bildnisse des Reformators Martin Luther, Illustrationen für die Lutherbibel und Altartafeln für die neuen protestantischen Kirchen. Wie auch schon sein Vater Lucas Cranach der Ältere hat der Sohn Lucas der Jüngere den neuen reformatorischen Inhalten ein Antlitz gegeben. Viele Jahrhunderte stand er im Schatten seines Vaters – mittlerweile aber gesteht man dem Meister der Portraitkunst ebenfalls einen bedeutenden Platz in der Kunstgeschichte zu.

Der Film, der anlässlich des 500. Geburtstags von Lucas Cranach dem Jüngeren entstand, zeichnet ein fesselndes Portrait des Meisters und gibt gleichzeitig spannende Einblicke in das Alltagsleben zur Zeit der Reformation.

Wittenberg im Sommer 1550: Lucas Cranach der Jüngere übernimmt die Werkstatt seines Vaters und steht damit vor enormen Herausforderungen. Denn er ist nicht nur Künstler, sondern vor allem Unternehmer: Er beschafft Aufträge für seine große Werkstatt – eine Bildermanufaktur, in der zahlreiche Lehrjungen und Gesellen im Stil Cranachs Gemälde anfertigen –, er leitet einen Weinschank und er wirkt in Wittenberg als Investor und Ratsherr. Gleichzeitig wird sein Leben in der zweiten Hälfte des 16. Jahrhunderts von politischen Ereignissen und Intrigen erschüttert. Der Film erzählt die Wendepunkte im Leben Cranachs des Jüngeren in einer Zeit dramatischer Umbrüche.

DVD-NEUERSCHEINUNG BEI QUERSTAND – DEM KLASSIKLABEL DER VERLAGSGRUPPE KAMPRAD

Theo-Neubauer-Straße 7 | 04600 Altenburg | Tel: 03447 375610 | E-Mail: verlag@vkjk.de | www.vkjk.de